コロナ不況に
どう立ち向かうか

大川隆法
Ryuho Okawa

まえがき

本書は、考え方の筋やヒントを中心にしたものである。大混乱の中、東京オリンピック開催断行直前である。意地《いじ》を見せたい、頑固《がんこ》でありたい、というのも権力者の姿の一つではあろう。国威発揚《こくいはつよう》や巨大経済効果は見込めないし、コロナ感染の第五波の最中でもある。

はたして日本のマスコミも、中国や北朝鮮のように政府の提灯持《ちょうちんも》ちをやり続けるのだろうか。次の東京発・新コロナ変異種の不名誉を回避《かいひ》できようか。

私が言えることは、

一、強制的にワクチン接種を国民に強要しても、コロナの第六波、第七波が来ること。

二、決して、中国をコロナ戦勝国に祭り上げることなく、企業も国民も、自由と責任の中、粘り抜くこと。

三、行きすぎた環境左翼《かんきょうさよく》や、ＬＧＢＴＱの過保護《かほご》、補助金漬《づ》け政策は亡国《ぼうこく》への道であること。

四、唯物論科学に振り回されすぎず、心の価値や、人間性の向上を目指し、道徳・宗教抜きの悪の勢力の拡張には、断固《だんこ》として抵抗《ていこう》すべきこと。

などである。

西側先進国のコロナ敗戦は、次に何を呼びこむか。これからが大事だ。「叡智《えいち》とレジリエンス」の時代が始まると期待したい。

二〇二一年　七月二十日

幸福《こうふく》の科学《かがく》グループ創始者兼総裁《そうししゃけんそうさい》

大川隆法《おおかわりゅうほう》

コロナ不況にどう立ち向かうか　目次

第1章　政治について言いたいこと
――コロナ危機における国家運営の指針――

二〇二一年四月二十二日　説法《せっぽう》
幸福の科学 特別説法堂にて

第2章　コロナ不況《ふきょう》にどう立ち向かうか
――個人と組織の生き残り戦略――

二〇二一年六月八日　説法
東京都・幸福の科学総合本部にて

第3章 コロナ不況にどう立ち向かうかQ&A

二〇二一年六月八日
東京都・幸福の科学総合本部にて

第1章

政治について言いたいこと

――コロナ危機における国家運営の指針――

二〇二一年四月二十二日　説法《せっぽう》

幸福の科学　特別説法堂にて

1　神仏の考える正しさに基《もと》づいて「政治」を語る

最近、あまり政治について話をしていないので、たまには言おうかと思っております。今月（二〇二一年四月）中に幸福実現党のほうでも立党もう十二年ぐらいになりますか、大会もあるそうで、私は呼ばれていないので何を言うのか知らないのですけれども、今日話をする内容のなかで使えるものがあれば、抜粋《ばっすい》して使っていただければ結構かと思います。

政治については、もうすでに予言的なものとしてそうとう出してはいるので、そのとおりになるかどうかは見ているような状況《じょうきょう》で、だいたい、言っているような感じに進んでいるかなというふうには思っております。

今日も話をしますけれども、私は本当に正直言って、もう嫌《いや》になっているところもあります。だいたい、口を開けば政権党の批判にはなりますし、野党の批判にもなりますし、日本の新聞の批判にもなるし、テレビの批判にもなるし、週刊誌の批判にもなるし、外国のメディアの批判にもなるし、外国の政治に対する批判にもなるから、「これは票にならない」ような感じではあるのです。どれかに乗っからないと放送したり応援《おうえん》記事を書いたりしてくれないのですが、あっちにもこっちにも〝弾《たま》を撃《う》って〟いますので、集票能力が低くてたいへん恐縮《きょうしゅく》はしております。

幸福実現党の政治家を目指しているみなさまがたに〝バンザイ突撃《とつげき》〟を命じているようなものだと思いつつも、しかし言う人がいないなら言うしかないと思って、いつも言っています。不人気なことばかりいつも申し上げて、本当にすまないと思っております。

どうしても、性分《しょうぶん》としまして、「タダでワクチンを打たそう」とか、「子ども手当を十万円配ろう」とか、そういうことをもう言う気がないのです。たいへん申し訳ないのですけれども、もうバカバカしくて言う気がないのです。バカバカしいというか、あまりにも幼稚《ようち》すぎる政治手段なので、もうあきれてしまって〝雲の上で昼寝《ひるね》したい気分〟になるので、どうしてもそういうことが言えないでおります。ですので、そういう分かりやすいのがいい方は、どうぞ、この世的なところを応援してくだされば結構かと思っています。

私のほうは、分かりにくいかもしれないけれども言わなければいけないことと、マスコミとか政治家とか政党とかが言いにくいこと、言えないことを、なるべく言おうかと思っております。

ですから、当会がつくっている政党に関してはあまり勢力の伸《の》びが見えませんけれども、全体の政治そのものは、私が言っている方向には日本も世界も動いていっているのかなというふうには思っております。そういう意味で、サブカルチャー的に広がって、〝常識の下にあるもの〟として浸透《しんとう》してきているなら、それはそれなりに役割を果たしているのかなとは思っています。

ということで、そういう利害は抜《ぬ》きにしまして、私は宗教家でもありますので、「神仏の考える正しさとは何か」に基《もと》づいて、政治について言っておかねばならないと思うことを幾《いく》つか申し上げます。

本当に言いたいことを全部言いますと、もうとてもではないけれども大変な量になりますので、簡単に申し上げます。けれども、簡単に申し上げることは、簡単に理解できることではたぶんないと思います。簡単に申し上げれば申し上げるほど、理解するのは難しくなる。説明をたくさんしなければ、本当は分からないことのほうが多いかなと思います。

順序はどういうかたちで言うかはいろいろなのですけれども、今、日本で話し

ていますので、日本の政治についてのコメントあたりから始めたいと思っており
ます。

2 菅《すが》首相とバイデン大統領の「本質」

「菅政権が続くかどうかの判断基準」や「菅首相の人物」について

昨年（二〇二〇年）、政権が替《か》わりまして、官房長官《かんぼうちょうかん》をやっていた菅《すが》さんが首相をやっております。まだ一年はたっていません。おそらく、今年オリンピックができるかできないかによって、彼の政権が替わるか替わらないかも、結果としては出るだろうと思っています。

ポイントとしては、「オリンピックができるかできないか」、および「コロナウイルス対策について順当であったかそうでないか」ということの二点です。これがいちばん最初に見られることでしょう。

その次には、「経済状況《じょうきょう》は不況を起こすようなものであるか、そうでないか」、あるいは「国際情勢として、日本は危機的な状況になるか、ならないか」というようなことも、おそらくは、政権が続くかどうかということに対するメルクマール（指標）、判断の基準になるとは思っております。

菅さんについては、別に人物としては私はそんなに嫌《きら》いではありません。秋田の農家に生まれて、親と喧嘩《けんか》して十八歳《さい》で集団就職で上京してきて、二年間ぐらい段ボール工場とかで働きながら、「やっぱり大学に行ったらいいかな」ということで、「学費が安い」という理由により法政《ほうせい》大学に入っています。そのあと、政治にちょっと関心を持って政治家の秘書をやって、その引き立てもあって地方議員から始まって、政界内でだんだん頭角を現して総理になったということで、ちょっと違《ちが》えば田中角栄《たなかかくえい》風の評価になる可能性もある人ではあるかなと思っております。

「学費が安いから法政大学に行った」というのは、ちょっと私は納得《なっとく》がいかないのですが、私より年上ですので、学費が安いのは東京大学なのでそちらに行くべきだったと思うのです。私のときでも、ものすごく安かったのです。数万円でしたので万単位であって、予備校のほうが高いぐらいに安かったのです。菅さんのころだと、たぶんタダ同然ではないかと思いますので、食費に値《あたい》しないぐらいの金額だったと思います。

私の兄なども、四年違うだけで本当に何年大学にいても困らないぐらい学費が安かったし、就職可能性だけ残るということで、大量にみなさん、四年の〝任期〟を超《こ》えて長くいられた時代だったのです。菅さんはそれよりもっと前なので、（学費が）ほぼ〝タダ同然〟の学校はいっぱいゴロゴロあったと思うのですが、何を好んで私立に行かれたのか、ちょっと分からないのです。

私立は、それでもある程度お金は要《い》りましたから、高かったと思います。塾《じゅく》に行くぐらいのお金は、やはり要りました。だから、ちょっとよく分からないのですけれども、「志して努力して、実践《じっせん》のうちに政治力を磨《みが》かれた」ということはいいことかとは思います。

そういう意味で、空理空論《くうりくうろん》はあまり好きではないだろうと思います。「実際に役に立つか立たないか」というプラグマティックな面は持っておられるだろうから、そのへんについては、安心感はあるところがあると思います。

私が面白《おもしろ》いと思ったのは、菅さんが新聞の人生相談とかを読んでいて、それに傾倒《けいとう》して自分もやりたくなって、月刊雑誌か何かに人生相談を始めたことです。首相のときではありません。その前ですけれども、前の段階で人生相談を開始して、主婦などの人生の悩《なや》みに答えるようなことをやっていたというのが、ちょっと関心を引いたところですが、その答えが面白いのです。「マキャベリの『君主論』が愛読書なので、マキャベリの言葉に基《もと》づいて主婦の悩みに答えている」というのがあまりに面白すぎて、もう開いた口がふさがらないというか……。いや、これはいかなる人も考えつかないような〝兵法〟であるので、すごいなと思って、ちょっとこれは、私は感心しました。

少なくとも、日本の大学を卒業している人で、マキャベリでもって人間の悩みに答えようという人は、菅さん以外には一人もいないと思います。一般的《いっぱん》には、「マキャベリで人生問題に答える」というのはもう、「教養がない」ということを証明しているのと一緒《いっしょ》です。ほぼ教養というものがゼロだということを、これは意味しているので、すごいなと。すごすぎる。あまりにもすごすぎるので、もう何でしょうか。

まあ、マキャベリは〝密林の政治学〟で、「虎《とら》は、獲物《えもの》を見つけたら襲《おそ》いかかれ」と言っているような、そんなようなものです。「背後には気をつけろ。獲物だと思ったらダッシュして捕《つか》まえて食え」と、まあ、こんなものです。これでもって家庭内争議とかいろいろなものを解決しようとするのだから、これはすごい人だなと思います。この〝感性のブレ〟はそうとうすごいけれども、このブレが面白いことを結果として生むのなら、またそれなりに面白いなと思っています。私は〝奇人《きじん》・変人〟もときどき好きなので、完全に否定しているわけではありません。

そういうことで、いわゆる教養人、あるいは御曹司《おんぞうし》的な政治エリートとは全然違う人だということだけはよく分かります。これがいい方向に働けばいいなとは思っているのです。

もしかしたら、ほかのことは全部分からないかもしれないけれども、少なくとも周辺国に猛獣《もうじゅう》のような国とかがいっぱい出現しておりますので、マキャベリズムを信奉《しんぽう》している人が首相になるというのは、日本にとってとても珍《めずら》しいことですが、マキャベリ的本能でもって対応したら、間違いのない対応ができるのでないかと。相手はまともな人間ではなく、周りを囲んでいる国はみんなもう〝狂暴《きょうぼう》な生き物〟ばかりですので、レプタリアン（爬《は》虫類《ちゅうるい》型宇宙人）と戦う天使のような気持ちにならざるをえないと思うのですが、そのへんで感覚が正常になればいいなという気持ちは持っております。

意外な成果をあげるかもしれないバイデン大統領

先日は、〝トンボ返り〟でアメリカに行って、バイデン大統領が、菅さんが最初に直接会ったアメリカの政治家ということになるかと思います。

両方ともマスクをして、バイデンさんは、菅さんと会うときだけマスクを二重にしたりして意味不明で、窒息《ちっそく》して死ぬのではないかとちょっと心配もしたのです。あそこまでマスクをかけたらしゃべれないし、呼吸ができないと思うのですが、やっていました。まあ、すごい面白い取り合わせです。「マキャベリスト」

対「世界最強国の〝凡人《ぼんじん》〟」の対決という、まことに面白い〝ショー〟でした。

今のところバイデンさんは、民主党の基本的な流れに則《のっと》って民主党らしいことを言っているので、叩《たた》く人がすごく多いわけでもなく、様子を見ている状態が続いております。民主党の基調でしゃべっているから、大きなところでは今のところ外れはしていないだろうとは思うのですけれども、私の予言には（バイデン大統領に関して）大した予言がないので、「これが〝凡人かどうか〟ということの証明ができるかどうか」ぐらいしか、〝予言が当たっているか外れているか〟の判断の基準がないのです。

凡人たちに凡人が分かるかどうかというのは難しいことだとは思います。凡人でも机を頂けば誰《だれ》でも偉《えら》く見えるという見方があるので、「会社でも、『部長だ』『役員だ』『社長だ』というのはみんな机の大きさによるだけで、誰が座《すわ》ってもそうなる」という考えで言えば、ホワイトハウスに座れば誰でも大統領になれるということはありえるし、その凡人性もいいほうに働けば、「自分で判断ができないため、周りの側近に頭のいい人がいっぱいいて、勝手なことがやれる」という、すごいメリットがあるのです。

だから、大統領と副大統領は駄目《だめ》ですけれども、アメリカの〝大臣〟（閣僚《かくりょう》）には頭のいい人が多少、何人かいますので、この「大統領、副大統領より頭のいい大臣がいる」ということは、やはりすごく有力なことです。さらに、上に判断能力がないということは勝手なことをやれるということですから、これは非常に〝いいこと〟です。

選挙で大統領になるにはものすごくお金もかかるし、精力もかかるので大変ですから、「選挙で勝たなくても自分の思ったとおりにできる」「大統領にならなくても、大統領の仕事が代わりにできる」ということで大臣ができるというのなら、それは意外な成果があがるかもしれず、逆にバイデン氏が〝居眠《いねむ》りをしている狸《たぬき》のふり〟をして座っていれば、こちらこそ大石内蔵助《おおいしくらのすけ》風になって、何もしないのに名声が上がるようなことだってあるかもしれません。

そういう意味で、日米共にどんな結果になるか、見ていてとても面白い状態ではあるかと思っています。

菅政権の今の外交スタンスから予想される問題とは

菅さんに関しましては、そうしたマキャベリストで、それで批判も多少は浴びたのだろうと思います。バランスを取らなければいけないということで、「アメリカの参謀《さんぼう》総長の自伝とかを愛読している」と言ってみたり、「中国の『三国志《さんごくし》』も読んでいる」と言ってみたりして、「これでバランスを取っている」などと言っていますが、（中身は）一緒ではないでしょうか（苦笑）。どれも一緒で同じ。結局、全部一緒ではないですか。同じようなことばかり読んでいるわけで、何の教養とも関係のないものです。それでバランスを取っているつもりらしいけれども、〝一緒は一緒〟なのです。

まあ、少なくとも、そうした「勝ち負け」や「戦争」について関心を持っている人が上に座ったということは、国民、特にマスコミに誘導《ゆうどう》される国民がほとんど〝戦争オンチ〟でありますので、その意味での危機管理的にはよいことかなとは思っております。

本能的に動物が自分を護《まも》るように、「国が自分を護るにはどうすべきか」ということは考えるであろうと思うし、今回の訪米も、おそらく、まずその本能が働いたと思われます。

台湾海峡《たいわんかいきょう》を護るとか、あるいは、ウイグル問題等について、日本の企業《きぎょう》は、あまり中国批判をしたら取引が減って売上が下がって、現地工場を没収《ぼっしゅう》されるかもしれない危険があるため、政治問題からは逃《に》げる傾向がありますし、それと政治は連動しているものですけれども、菅さんは多少なりとも踏《ふ》み込《こ》んだ部分はあったのかなと思います。

ただ、この「欧米《おうべい》的価値基準と経済は別問題」のようなスタンスは相変わらず残ってはいたので、このへんは、「これから日本が鳥でも動物でもない〝コウモリ〟のままでいられるかどうか」「経済は中国と仲良くする、政治はアメリカと仲良くする、それで成り立つかどうか」ということが文明実験されるので、どこかで〝引き裂《さ》かれる〟か、交代になるかという問題は出るだろうというふうに考えています。

このへんの国防に関しては当会が言ってきたこともあるのですけれども、菅さんは、おそらくマキャベリズムをやってくれると思います。当会も露骨《ろこつ》にマキャベリズムまで人前で出すのはさすがに恥《は》ずかしいので、私も街宣《がいせん》で「マキャベリに見做《みなら》おう」とは言ったことはないのです。ただ、それは、ある意味では非常に急進的な考え方なので、どこまでやれるのかは見たいと思いますが、そこまで〝寿命《じゅみょう》〟があればというか、政権寿命があればの話です。ちょっと、〝猫《ねこ》のジャブ〟というか〝引っ掻《か》き〟ぐらいにしかならない可能性も高いのですけれども、まったく感覚を持っていないよりはましかなとは思っています。

3　政治家のコロナ対応から見える〝全体主義の練習〟の姿

コロナ感染《かんせん》のニュースばかりを流す本当の理由とは

あとは、政治については、この一年間、テレビとか新聞もそうですが、見ていたらもうコロナ感染《かんせん》の話ばかりで、いいかげんもう嫌《いや》になります。「毎日毎日、何人出た、何人出たということばかり、一年間、よく飽《あ》きずにやるな」と。

このへんは、私はアナウンサーとかを尊敬するところはあるのですけれども、もうとてもではないけれども、まねできないのです。ああいう知性はどうしたら訓練ができるのかが、私には分からないのです。

地震《じしん》などでもそうです。地震速報がパッと流れて、いきなり入ってくる。「大きな揺《ゆ》れがありました」と。あとは情報がないのに延々と番組をもたせ続ける。それを言い続けていって、小出しに出して同じことを何回も何回も、一時間も二時間も三時間も、夜中まで言い続ける。やはり「あれはすごいな。落語家を超《こ》えているかもしれない」と思うところはあるのです。何時間でも同じ話題を言い続けられるという、あの能力はすごいです。

本当は、政治家になりたかったら、幸福実現党の人なども、やはりああいう能力を身につけなければいけないのだろうと思うのです。バカの一つ覚えみたいに同じことばかり言い続け、言い続けて、何回でも浸透《しんとう》させて、「もう聞き飽きた」というぐらいまで言えば、だいたい言っていることが分かってくるのだけれども、一回言って終わりだったら、みんな覚えてくれないところもあるし、話の一部しか聞いていないこともあるのでしょう。

世の中には、そういうふうに、同じ話を何十回でも何百回でも延々とやり続ける人がいる。そういうことも一つの能力なので、すごいなとは思ってはいるのです。「コロナの感染者は何人です。死者は何人です。退院は何人です。ベッドの占有率《せんゆうりつ》はこうなっております」ということを延々と一年以上やり続けています。「よくこれが続くな」と思って感心はしているのです。

それは言ってもいいのですけれども、ただ、退院した人もいるので、差し引きすると本当にニュースにならないのです。「罹《かか》った人が何人」から「退院した人が何人」を引いてみたら、いつも二、三万人とか、そのくらいになるのでこれではニュースにならないし、大きければ大きいほどニュースっぽく見えるので、それをいつも流しているのです。

あるいは、「風邪《かぜ》をひいた人は何人」とか「インフルエンザに罹った人が何人」とかを毎日発表したら、国民は怒《おこ》り始めると思うのです。「もういいかげんにしろ」と絶対に怒ると思うのですが、コロナウィルスは珍《めずら》しいし、初めてなのでよく分からないから続いている、というだけだろうと思うのです。

インフルエンザも何百万人とか一千万人とか行きますから、それは大変な数ですけれども、情報価値がそこまであるかどうかについては、若干《じゃっかん》の疑問はあると思います。

これは国民に一定の方向づけをして刷り込《こ》むためにやっていて、あれだけやられると刷り込まれることはありますので、それから頭が離《はな》れなくなっているところはあると思います。

そういう「危機対応をやっている」というふうに見せるということで、国の首相や官房長官《かんぼうちょうかん》、あるいは経済再生担当大臣だとか、よく分からない人たちが出てきています。

経済再生担当大臣が、なぜウィルスの担当をやるのか、私にはよく分からないのですけれども、「とにかく口がうまいやつが出てこい」ということなので、やっているのかなとは思うのです。まあ、厚労省とかは出す人がいないのかもしれません。

毎日のようにやっていますけれども、あれで政治家はPRができるのでいいことはいいし、都知事や県知事とかも、珍しく〝全国版〟に出られるチャンスではあるので、政治運動を一年中やれるという意味では非常にいいのです。

しかも、国民は、〝恐怖《きょうふ》体験をすればするほど喜ぶ〟傾向《けいこう》があるので、厳しいことを言うと人気が上がるような傾向もよく出て、これが〝病《や》みつき〟になっている人もいるような気がします。

「もう緊急《きんきゅう》事態が……」とか「まん延防止は……」とかいろいろ言うたびに、そのまま視聴率《しちょうりつ》が上がると同時に、指導力があるように見えるし、見せられるというところです。

このへんにだいぶ〝感染されてきている〟ように思いますが、ちょっと考えなければいけない面はあるのかなと思います。

あれは〝全体主義の練習〟をしているのです。都知事レベルでもそうだし、県知事レベルでもそうだし、国でもそうですけれども、政治家のテレビの前での発言一つで、あらゆる業界を潰《つぶ》そうと思えばもう潰せるようになっているということを見せているわけです。「別に中国にならなくとも、日本でもやれるんですよ。業界は潰せるんですよ」ということです。

「緊急《きんきゅう》事態」と称《しょう》して全体主義が入ってくる危険性

だから、去年も、「連休の外出をお控《ひか》えください。里帰りはお控えください。観光はお控えください」と言ったら、本当に新幹線はもう限りなくゼロパーセントの乗車率で走っていましたけれども、まあ、潰そうとすれば潰せるということを証明しているようなものでしょう。

飛行機もそうでしょう。もうオンボード率（搭乗率《とうじょうりつ》）は非常に低いのですけれども、まだ「オリンピックの練習」と称《しょう》して低空を飛び回って、うるさいのです。私なども収録等をしていると、「また飛んでいる。音がマイクに入らないかな」と思って気になることは多いのですけれども、まだオリンピックのための低空飛行の練習を相変わらずやっているようで、客が乗っているかどうかは定《さだ》かではありません。「マスクが乗っているだけかもしれない」とも思うのです。

特定の業種を、要するに「生かすも殺すも自由だぞ」と見せているようには見えますし、それがフェアかどうかも分からない面があります。

「ある業界」ということで区切って全部に言うけれども、個別に見れば、それは、いろいろな対策を打っているところもあるし、打っていないところもあるのに、そうした保健所検査のようなものではなくて、一律、例えば、「八時以降は営業禁止」とか、あるいは「完全に自粛《じしゅく》してください」とかやっている。

そういうようなことで、例えば、テーマパークのようなところが完全に開けなくなったり、あるいは、上野《うえの》の（パンダの）香香《シャンシャン》が、中国に帰る予定になっていたのが帰れず、今年いっぱい日本に残っているというようなことになっても、「上野までは見に行けない」とか、そういうようなことが起きたりもしてはいるわけです。

日本人はわりにお上《かみ》の命令に忠実なので、「はい、はい」と言って従う気《け》はあるのですけれども、「ちょっと気をつけないと、もう一歩で（全体主義に）行ってしまいますよ」というようなことは言っておかなければいけません。

しかも、菅《すが》さんがまた「デジタル庁をつくりたい」とか言っていますが、名前を歴史に遺《のこ》したいから、「何か新しいことをやった」というのを社会の教科書にも書かせたいのだろうとは思うのです。役所の縦割りで弊害《へいがい》があるからデジタル庁というもので一元管理するというような感じですけれども、それは、どの国民がどんな状態か全部探《さぐ》れるということだし、最終的には今の中国がやっているように、各個人の動きを、十四億人いようとも全部つかめるということです。「今日、どこへ行って、誰《だれ》と会って、どんなことをやっていたか」が全部分かるというふうにしたいのだろうなと思います。

だけど、口実としては、「補助金を振《ふ》り込むのに便利だ」とか、そんなような口実でお金をくれる話にして、国民の行動から財産状態から家族構成や職業からすべてを一元管理できるようにし、番号を入れれば、全部ウオッチできて、「その人が今日、渋谷《しぶや》の交差点を歩いたかどうか」までも分かるようにしようとしているのだろうと思うのです。

こういう「緊急《きんきゅう》事態」と称して全体主義が入ってくるので、気をつけなければいけないところがあると思います。

4　ネット社会がもたらす「情報統制」の怖《こわ》さ

コンピュータ時代は、本当に人を自由にするのか

特にネット社会になってからは、「民主主義がさらに加速されて個人の発言がいっぱい出る。大手マスコミによる遮断《しゃだん》を乗り越《こ》えて、民主主義がもっといっそう繁栄《はんえい》するものだ」と、みんな楽観的に見ていたのだけれども、「どうもそうではないらしい」ということになってきました。

インターネットを使えるところも大手の何社かに絞《しぼ》られてきて、これもまた勝ち負けが最後に出てくると思うのですが、寡占《かせん》状態になってくると、やはり「政治性」が出てくる。何億もの人に影響《えいきょう》を与《あた》えてくるようになってくると、「政治

性」が出てくる。それが政治的に自分たちの会社の利益になるか、ならないかとか、トップの思想・信条によってかなり政治的判断がなされるようになってきて、自由な意見が出るかと思いきや、現実はあまりそうならなくなってきつつある。これは全世界的な流れがそうでしょう。

特に、勧善懲悪《かんぜんちょうあく》的には当然だと思われていたのであろうけれども、トランプ大統領の最後、末期の一カ月ぐらいあたりは、もうトランプさんの発信をどこも使えないようにするというようなことまでやったのを見て、私は、〝ある種の怖《こわ》さ〟は感じました。〝軍隊による完全占拠《せんきょ》する怖さ〟もありますけれども、この「情報統制」というのが、実は、多様にやれているように見せながらそうではなく、一定の方向に誘導《ゆうどう》ができて、それ以外のものを排除《はいじょ》できるかたちになってきているということの怖さを知りました。

まだ幾《いく》つか違《ちが》うものはありえますが、中国あたりになってきたら、本当に共産党の広報紙、広報メディア以外はもう存在しないわけで、それを批判するような香港《ホンコン》の出版関係の社長とかは、すぐ捕《つか》まって放り込《こ》まれる。こういうふうになってきたら、もう言論の自由はないでしょう。そういうことになるのです。

コンピュータ時代は人を自由にするかと思いきや、「一定のルールを通さなければ使えない」というところが狙《ねら》われて、逆に、機械のほうに人間が支配されるという形態が実につくりやすいものができてきています。

習近平《しゅうきんぺい》さんは読んでいないだろうけれども、社会主義が広がってき始めたときに、ジョージ・オーウェルが「ソ連の未来」とかを予想したものが『１９８４年』だと思いますが、（中国には）本当に同じような社会が今できている。けれども、〝読まない強さ〟というのもあって、どうせ読んでいないから、そういう社会になっているということを全然分からないで、国民には一定の洗脳だけをかけている。

だから、「君たちは、この共産党一党独裁的、民族的民主主義によって、発展・繁栄して世界一の強国になったんだ」というプロパガンダをずっとやられて、「みんなはこれで幸福になったんだ。金持ちになったんだ。よかったよかった」ということで洗脳されているわけです。

スパイが野放しにされる日本の情けなさ

中国は全人代《ぜんじんだい》（全国人民代表大会）をやっているから、民主主義をやっているような気持ちでいるのだろうけれども、全人代など全員一致《いっち》しかないのですから、そんなものは、あってもなくても、もういいのです。反対した者は、それは処刑《しょけい》されるか収監《しゅうかん》されるだけのことなので、もはや、そんなものは民主主義でも何でもないことだし、民衆の意見を代弁もしていないものです。だから、お上《かみ》の考えを押《お》しつけ、それだけの権威《けんい》をつけるだけのものです。

ですから、起きているのはほぼ〝江戸《えど》時代〟でしょう。あれはもう日本の江戸時代のようなもので、封建制《ほうけん》だと思います。封建制なのだけれども、それを現代的に見せているというところです。

〝江戸時代〟なのだけれども、また偽金《にせがね》づくりも横行しているということだし、あるいは他国へ行ってスパイをしまくっていることも横行しているということです。「それで得をするのなら」ということで、ほかの国もまねしかねない状況《じょうきょう》になってきているので、危険なところはあると思います。

ほんの一日前のニュースを観《み》ても、あれは「二〇一六年」と言っていたと思いますけれども、中国から日本に来ている留学生や工作員まがいの人たちが、日本の二百社、あるいは大学関係も含《ふく》めて、ハッカーとなってハッキングをやって、情報を盗《ぬす》み取っていたということです。三菱重工《みつびしじゅうこう》とか東芝《とうしば》とか日立《ひたち》とか、あるいは大学のところの情報を、留学生の身分で入ったり、その他会社員の身分で入ったり、いろいろしながらやっていたというのがニュースで出ていました。

でも、それは、二人ほどその容疑者を任意聴取《ちょうしゅ》していたけれども、「立件するところまで行けないので」ということで放したら、もう国外脱出《だっしゅつ》して中国に逃《に》げてしまったということです。

これは、中国なら、同じような容疑がかかった日本人がいたらこんなことはありえないわけで、その日本人は処刑されているでしょう。ポケットに麻薬《まやく》か何かを入れられて、「麻薬取締法《とりしまりほう》違反《いはん》で処刑。五日後にはもう死んでいました」ということになると思うのです。

日本の場合は、中国の報道官の口が怖いのです。あちらから悪口雑言《あっこうぞうごん》を言ってくるので、それが怖いからもう逃がしてしまうわけです。

これは、以前、沖縄《おきなわ》のほうで海上保安庁の船が向こうの船とぶつかったときもそうでした。逮捕《たいほ》した人、漁民たちを飛行機で、〝ビジネスクラスでお帰しになった〟ことがありましたが、あのときは民主党政権です。

まあ、トラブルになりたくないということで逃げる傾向《けいこう》は出ていますけれども、これ（ハッキング事件）もまた、まだマキャベリズムが、菅《すが》さんのときには徹底《てってい》していないように思います。

二〇一六年にやっていたことが、今ごろ、二〇二一年に発覚して、もうすでにその容疑者は本国に逃げて帰っているという、そんな話なので、全世界が〝スパイ天国〟になっているなかで、もう本当に日本がいちばん野放しになっているところでしょう。

かといって、国民監視を一元管理し始めたら、やられるのは、おそらく、日本国民がやられるのであって、たぶん外国のスパイのほうではなかろうと思います。そちらのほうはトラブルを避《さ》けたいから、たぶん〝逃げ放題〟になるのだろうから、たいへん情けないなと思っています。

5　世界経済の厳しい見通し

日本が中国に言い負かされる言語的な理由とは

中国の内情は、当会が言ってきたように、ウイグルの内情とかが世界的に知られてきたことや、香港《ホンコン》の悲劇、それから台湾《たいわん》の今の緊張《きんちょう》等が知られてきたことは、いいことだとは思います。

あとは、ミャンマーなどでも軍政を敷《し》かれて人がいっぱい死んでいること、あるいは記者が拘束《こうそく》されていること等を知られてきていることはいいことですが、基準があまりはっきりしないために何もできないでいるところはあると思います。

「民主主義国家 対 専制国家の戦いだ」と言っても、バイデンさんはそれを哲《てつ》学的《がく》に説明できるわけでもありませんので、「それは国の違《ちが》いでしょう」とか「中国流の民主主義だ」とか言われて、それで言えない。

ディベートとしては、中国のあの外務報道官が言うディベートを言い返す練習をしないと、日本語は言葉が遠回しで弱すぎて言い負かせないところがあります。中国語というのは、言葉が洗練されていないのです。すごく粗野《そや》な言葉なのです。野卑《やひ》です。丁寧語《ていねいご》は十分にないので、すごく粗野な言葉を使います。そのため、それをそのまま訳すとああいうふうになりますが、日本語の場合は遠回しな言い方がずいぶん出てきます。

この前も関西に行ってきましたけれども、京都あたりに行くと、お客さんに帰ってほしかったら、「お茶漬《ちゃづ》けでも食べますか」などと言います。それを言われたら「帰れ」という意味だったという、そういう文化があります。

これは日本的な文化の特徴《とくちょう》の一つだと思うのですけれども、こんなのを中国語で言ったら、「てめえ、出ていけ」ということにしかならないと思うのです。「さっさと帰れ。こっちは忙《いそが》しいんだ」と、これ以外にないと思います。ですから、基本的には、ヤクザ言葉しかないのです。

それと外交をやっているわけですから、なかなか伝わらないのです。「遺憾《いかん》である」としか言えないようでは、まったく伝わらないというところはあります。ですから、もう少し相手に通じるようなしゃべり方を練習しなければいけないというふうに思います。

世界中で分かりにくくなっている「未来価値観」

中国の〝神〟は今、要するに、「法治主義という名前、これが世界的価値観と共通だ」ということを言っているわけです。「法治主義で、法律に則《のっと》ってやっているからいいんだ」と言うけれども、その法律をつくっているのは、百パーセント（全員）一致《いっち》する全人代《ぜんじんだい》とか、その〝分家〟の部分ですので、基本的に「人治《じんち》主義」なのだということです。「法治主義」と「人治主義」の違いが分かっていないので、実に困るなと思っています。

一方、日本のほうは、アメリカもそうだけれども、与党《よとう》と野党でだいたい反対のことを言って突《つ》きつけてくるということがあります。これも「よし悪《あ》し」の両方があると思うのですが、「反対のことを言わなければ存在意義がない」ということで言うわけです。

ただ、与党のほうも野党が言ったことをどんどん取り込《こ》んでいきます。野党が言ったことを取り込んだら、もう責任がないからです。ほぼ責任がなくなるので、「マスコミも叩《たた》けない」ということで、「取り込んでいく」ということが行われていると思います。

また、政府は、「こども庁のようなものをつくる」とも言っています。つくってもいいけれども、それは「文科省とかを解体してからつくりなさいよ」と、やはり言いたくはなります。もう、「二重三重に屋上屋《おくじょうおく》を重ねてやっているように見せる」というか、「リストラしているように見せて、実は居場所を増やしている。ポストを増やしている」ということをいっぱいやっています。ですから、もう、「ちょっと、この〝作法《さほう》〟はやめたほうがいい」と国内についても思います。

政府で一千兆円の赤字、債務《さいむ》を負っており、地方公共団体で二百兆円の債務が生じていて、今、一千二百兆円ぐらいの債務があるはずです。ただ、政府は、「国民の持っている資産、あるいは企業《きぎょう》が持っている内部留保とか財産を全部計算すると、一千八百兆円ぐらいはたぶん持っているだろう」と見ていて、「まだ六百兆円ぐらいは取れる」と踏《ふ》んでいるだろうと思うのです。「最終的には、ここに増税をかけて没収《ぼっしゅう》していけば、何とか食いつなげる」と、まだ考えている節《ふし》はあると思います。

それは、「今、首相や大臣をやっている人たちが現役《げんえき》の間には分からないから、それからあとの人が（増税を）やるだろう。だから関係ない」と思って、たぶんやっているのだと思います。

バイデンさんも、予想されていたとおり、トランプさんが（法人税率を）せっかく二十一パーセントまでにして企業減税をやっていたのに、「大型バラマキ」と先に言っておいてから、そのあと、また「二十八パーセントまで戻《もど》す。上げる」ということを言っています。

これは「企業のほうに税金をかけて儲《もう》けを吐《は》き出させる」という方法ですから、言っていることは共産主義ともう一緒《いっしょ》です。「儲けを貯《た》めているところから全部取り上げて、それをばら撒《ま》くんだ。これで何の問題もない」ということでしょうから、そんなことではどちらが共産主義か、もう分からなくなってきています。

中国共産党のほうが何だか〝収奪《しゅうだつ》〟に励《はげ》んでいて、共産党員が富むのは構わないし、政治的に上のほうの人が富むのも構わないのです。また、財産隠《がく》しも全世界でやっているのに、「そこに制裁等をかけて個人名で使わせないようにする」とか言ってきたら、怒《おこ》ってふてぶてしく交渉《こうしょう》しているような状況《じょうきょう》で、世界中、「未来価値観」がどうなるべきなのかが非常に分かりにくくなってきています。

それから、「民主主義 対 専制政治」という考えもあるのだけれども、民主主義の弱点も、もうはっきり露呈《ろてい》はしてきているのだと思うのです。「（民主主義では）必ず対立構図が出るので、どちらかに介入《かいにゅう》することで勢力を逆転させることができる。そこに外国勢力も入ってこられる」というスタイルが出てきているということです。

そして、今いちばん恐《おそ》るべきことは、コロナウィルス関連でもそうなのですけれども、「ウィルス対策がいちばんうまくいったのが中国だ」ということを既成《きせい》事実にしようとしていることだと思うのです。

中国では、もう十万人ぐらいから感染者《かんせんしゃ》が増えていないし、完全に抑《おさ》え込んだということになっています。ところが、そのわりには、映像ではみなマスクをかけているので、「おかしいな」と私は思うのですけれども。発表しなければ、そういう数字はありえないことになるわけなので、「国全体で嘘《うそ》をつける国」というのは、もはやどうにも、どこも信用することはできません。ですので、現実は五里霧中《ごりむちゅう》です。

中国の経済の現実と〝超巨額《ちょうきょがく》〟の財政赤字について

「中国の経済（ＧＤＰ）が日本の二倍を超《こ》えた」ということを言ったのは何年も前ですけれども、「統計操作で、現実は超えていなかった」ことも分かってはきています。しかし、さらに中国は、次にバブルのお金をつくり出しているのです。今、これをやっています。

日本もお金を〝ダブダブ〟にはしていますけれども、中国のお金も、これまたビットコイン系の変化形がいっぱいいろいろと出てきており、さらには、外国のそういう「虚業《きょぎょう》としての金融業《きんゆうぎょう》」のようなものからも〝偽金《にせがね》〟をさらに盗《ぬす》んでくるという〝偽金を盗む業者〟のようなことを、人民解放軍主体でいっぱいやっていると思われます。

したがって、世界経済は、どこかの時点で機能不全に陥《おちい》って〝破裂《はれつ》〟するのはほぼ確実だとは、私は思っています。これが機能しなくなったら、立て直すのは大変だろうなと思っています。

〝実際の価値をお金が反映していないもの〟が横行しているということです。そういうふうになっているので、軍事での実際の戦闘《せんとう》シミュレーションもありますけれども、マネー戦争でも虚々実々《きょきょじつじつ》の駆《か》け引きが行われていて、「何が本当か、何が嘘か」が分からなくなっています。

特に、アメリカも、もうすごい財政赤字であり、その財政赤字は軍事力にものすごい予算を使っているためです。けれども、確かに、重商主義、それから帝国《ていこく》主義の時代のように、他国の、価値のあるものを生産する国を占領《せんりょう》することによって、最終的には、その「軍事力」が「経済力」に転化することは可能なわけです。

イギリスが強かったときには、インドをも支配していて、紅茶とかコショウとかをいっぱい取っていたし、そういうことはできたわけですが、アメリカは、そういう唯一《ゆいいつ》の軍事力によって他国を占領できるので、万一《まんいつ》、国が財政赤字で破綻《はたん》しそうになったときには占領すればよいわけです。ほかの国を占領すれば、その軍事力にかけたお金を回収できたのです。

中国が同じことを今やっているわけで、「〝中国に従うものども〟だけで世界がつくれる」というふうになろうとしています。経済的には成功しているはずはないのですが、最終的に「軍事力」を「金」に換《か》えようとしているというところです。

だから、南シナ海、東シナ海、その他の海底油田や海底にある鉱物資源等を勝手にどんどん開発して取っていこうとしているし、尖閣《せんかく》あたりにも〝ウロチョロ〟している理由は、やはり、「地下に海底資源があるのではないか」と言われています。石油もあるかもしれないし、それ以外もあると思われているので、このあたりも自分のものにしたい気持ちを持っているということは、あるのだと思うのです。

だから、軍事力をあれだけ増強していますし、実体経済を伴《ともな》っていませんから、本当は赤字で、私の見るところ、最低でも日本の財政赤字の六倍が中国にはあるはずです。実際、六倍では済まないのではないかと見ているのですが、十倍以上かもしれず、もしかしたら、十倍などというものではなくて〝百倍以上の財政赤字〟はある可能性があるのです。

ただ、あらゆる統計が全部いじられているので、そう簡単には分かりませんが、「やっていること」と「実際に入るべき収入」を計算してみると、どう見ても、ものすごい巨大《きょだい》なブラックホールのような財政赤字ができているはずです。

これについては、「一帯一路《いったいいちろ》」を完成させて、途中《とちゅう》のアジアの国から産油・資源国、そして、ヨーロッパのほうまで攻《せ》め取っていって、かつてヨーロッパの国がアジアやアフリカや南米にやったことを中国がやって、取ってしまえば財産が増えるということで、〝帳消し〟にできるという構想も持っているはずだと思うのです。

ですから、アメリカと中国という二つの国が、違う手法ながら、実はその軍事力を「財政赤字の担保《たんぽ》」に換えているというところがあるわけです。

中国が日本を小国扱《あつか》いするのはなぜか

日本も財政赤字だけれども、第二次大戦の端緒《たんしょ》は、軍事力で他国を侵略《しんりゃく》したことがあります。産油国であるインドネシアとか、そういうところを取りに行きました。けれども、そういうことを今のところできない状況になっており、スエズ運河で大型コンテナ船が座礁《ざしょう》して通行止めにしただけで、ものすごい法外なお金を要求されたりしているような状況です。

ですから、これでいくと、「一帯一路」が完成し台湾海峡《かいきょう》も押《お》さえられた場合は、そういう産油国から油も入らないし、ロシアやその他からの天然ガスのパイプラインなどという、そんなものは爆撃《ばくげき》すれば終わりですから、もう、すぐに来なくなります。海底でパイプを通しても、そんなものは海底で破壊《はかい》したらそれで終わりですので、全然、何にもならないのです。

それから、日本のマスコミ等は、「中国などは、もう太陽光発電のパネルがものすごく広くあって先進国だ。これに比べてアメリカなどは後《おく》れている」というようなことを言っているけれども、だだっ広いのでいくらでもつくれるというだけのことなので、機能しているかどうかはよく知りません。

その裏では、もう何十基も原子力発電所をつくろうとしているし、まだ火力発電所も石炭の発電所もつくっていますし、水力発電のダムをつくっては、もう大変な公害で、かつて日本が起こしたイタイイタイ病のようなものだっていっぱい発生しています。

もう〝問題だらけ〟なのですが、こういうものを全部、一切《いっさい》、黙《だま》らせるよう「監視《かんし》システム」によって押さえ込んでいる状態なので、情報が出てこないし、報道ができないし、外国にも見抜《みぬ》かれないでいられるというところでしょう。いずれ、拡張主義で〝ナポレオンが勝って勝って〟したように見せて人気を取ったようなかたちを目指すのは、ほぼ確実と思われます。

この前、菅《すが》さんが（アメリカに）行ったときにも、中国の報道官が言っていたのは、「大国同士の紛争《ふんそう》に日本は巻き込まれないように気をつけなさい」というようなことでした。そういうお説教をなさっていたのです。「小国はそういう大国の争いに巻き込まれないようにしなさい」と。

要するに、「おまえは貿易だけをやって黙っとれ」ということですが、この小国扱《あつか》いのなかには、「国が小さい。国土が小さい」という面も入っているし、「経済が小さくなった」とも、「人口が小さい」とも言いたいのだろうけれども、「軍事力が小さい」ということをいちばん言いたいのだろうと思うのです。「核《かく》兵器も持っていない国が、もう余計なことを言うんじゃないよ」ということで、「どっちかに加担したら滅《ほろ》びるぞ」という脅《おど》しでしょう。これをやっています。

北朝鮮《きたちょうせん》も、トランプさんからバイデンさんに替《か》わったら、とたんに、またＩＣ

ＢＭ（大陸間弾道《だんどう》ミサイル）の打ち上げ準備とかもやっていますし、「三千トン級の潜水艦《せんすいかん》がこの前、進水した」ということも言っていましたが、あれに三本ぐらいのＩＣＢＭは積めるのだそうです。万一、アメリカが北朝鮮攻撃《こうげき》をしたときには核施設《しせつ》攻撃をしてくるのでしょうから、その場合は、「潜水艦から日本なりアメリカなりを攻撃するぞ」と、そういうことなのだろうと思います。

こういうときに、まだ日本は、アメリカの大統領が替わったので、「拉致被害《らちひがい》者《しゃ》を助けてください。北朝鮮から戻してください」などというようなことを言っているということで、客観的に見れば、「いかに恥《は》ずかしいか」ということをやはり知るべきでしょう。あそこの二代目の金正日《キムジョンイル》が「国家としてやった」ということを認めている内容であるので、本当であれば、それだけで当然ながら北朝鮮に日本は乗り込んでいって連れ戻してくる権利があるわけなのですけれども、そういうことを外国に頼《たの》んでお願いするようなことを言っています。

また、菅さんの外交だって、尖閣に安保が適用されることを確認に行ったようなものですから、ちょっと遠回しで、向こうから見たら、何かすごく弱くて〝卑怯者《ひきょうもの》〟みたいに見えるわけです。

ですから、「言っても（相手が）言い返さなければ、言い返さないほうが負けだ」と考える国に対しては、「それ（反論）を言えないということは認めたのと一緒だ」ということは知っておいたほうがよいと思います。

6　政治、経済、戦争の正邪《せいじゃ》を分けるために

コロナ感染《かんせん》の今後の広がりをどう見るか

「民主主義国家 対 専制国家」という言い方だけでは、おそらく、世界はまだ二分化していくだけで分からないと思います。ですから、トランプさんのとき以上の分断化が、今、進んでいるように見えてしかたがありません。

〝バイデン兵法の弱点〟はロシアと中国をまとめて敵に回してしまったところなのです。これは要するに、冷戦時代に戻《もど》っているのです。彼の頭のなかには「冷戦時代・東西冷戦の頭」が残っていると思うのです。ですから、「NATO《ナトー》（北大西洋条約機構）でロシアに対応する。あとは太平洋艦隊《かんたい》で今度は中国のほ

うを牽制《けんせい》する」というかたちなのだろうけれども、あまり賢《かしこ》い戦い方だとは私は思っていません。

特に今回のウィルスが、また「アジア人差別になる」という理由により、「中国発である」ということを、バイデンさんのほうは一生懸命《いっしょうけんめい》〝揉《も》み消し〟に入っていますので、これは〝敵に塩を送る〟行為《こうい》にも等しいとは思っているのです。原因を究明しないで済ますということで、結果だけをメンテナンスするようなことをやっていますので、「最終的には、この〝弱さ〟では無理かな」とは思っています。

今、感染者《かんせんしゃ》の数が幾《いく》らまで行ったかは知らないけれども、ちょっと前のもので、「アメリカ人でコロナウィルスに罹《かか》ったのは三千百万人」と出ていましたので、もうほぼ完全にアメリカ人の一割は行っています（説法《せっぽう》当時）。一割まで行ったら、あとは、もっと広がるのも、もう簡単に広がります。

インドものすごく広がってきています。先般《せんぱん》は、「一日に二十万人以上、感染している」と言っていました。

何日か前の記事でも、「世界で感染者は毎日七十六万人以上増えている」と言っていました。この率で増えたらどうなるかということですけれども、今、世界で感染者は一億人を超《こ》えていると思いますが（説法当時。七月二十二日時点では約一億九千万人）、五億人や十億人に行くのはもう時間の問題と見てよいと思います。

これはもう〝世界レベルでの戦争状態〟に実はなっているので、これに対して後手後手《ごてごて》で対応していてはいけないのではないかなと思います。

「政経分離《ぶんり》」をして中国を太らせた日本企業《きぎょう》の責任

その原因究明をはっきりしないで済ませているために、日本などの企業《きぎょう》は潤《うるお》っているところもあるわけなのです。ユニクロなども株主総会をやって、「ウイグル等で、あんな人権弾圧《だんあつ》が行われているのはどうなのだ」と株主から意見がなされても、「それについては答えられない」と言ってちゃんと逃《に》げているわけですので、「政経分離《ぶんり》」でしょう。政治と経済を分離して、知らん顔をしてやっています。

ただ、アメリカにも責任はあるけれども、日本企業にも中国を〝太らせた〟責任はあるわけなので、これに対して世界で戦争が起きたり人権侵害《しんがい》がいっぱい起きたりした場合に、「責任がないとは言えない」ということは知っているべきだというふうに思います。

このへんを、自分たちのところに落ちるお金のことを考えて何も言えないというのは、それは「将来的に植民地化される、そういう人間的属性を持っている」ということだと思います。お金で釣《つ》られて人に支配される国になる可能性があるということです。

特に今の日本では、財政赤字があっても、軍事力でもって価値あるものを奪取《だっしゅ》する能力がありません。

ですから、軍事力で他国を侵略できる国のほうは生き残る可能性もありますが、下手《へた》をすれば、その可能性がない日本のほうは、最悪、本当にバイデン氏守護霊《しゅごれい》が言っていたとおり、「アメリカと中国の戦争は、日本を戦場とした代理戦争、ここ（日本）をどちらが取るかの代理戦争だけで勝ち負けが決まる」というようなことになる可能性もないとは言えないというふうに思いますので、もう一段の「戦略性」が必要です（『米大統領選　バイデン候補とトランプ候補の守護霊インタビュー』『バイデン守護霊の霊言《れいげん》』参照）。

『バイデン守護霊の霊言』（幸福の科学出版刊）

『米大統領選　バイデン候補とトランプ候補の守護霊インタビュー』（幸福の科学出版刊）

少なくとも、アメリカ人やヨーロッパ人、それから、インド人の感染率が高すぎます。これはおかしいです。どう見てもおかしいので、戦略的に自分らの敵になる可能性のあるところを弱めているように見えてしかたがありません。

また、「マスコミは、軍事独裁国家では報道ができないし、取材の自由がない」という弱点を見事に押《お》さえられています。

さらに、コンピュータ時代になっても、「国民の一人ひとりが今日どこへ寄ったか」まで全部追跡《ついせき》できるような、そういう完全追尾《ついび》システムと顔面認証システムでＡＩによる支配が始まって、「何億人になろうとも全部突《つ》き止められる」ということになってくると、「犯罪でも何でも、いくらでも〝でっち上げ〟られる時代が、これからやって来る」ということなので、「恐《おそ》るべしと考えるべきだ」と私は思っています。

ですから、こういうときには、今まで「進んでいる」と思っていたことや、みんながやりたがったものを、ちょっと考え方を変えて、少し〝昔返り〟したほうがいいこともあります。「昔返りして考えてみたら、これはいいと思うか、悪いと思うか」ということを少し考え直したほうがいいのではないかと思うのです。

中国のＡＩシステムについては、「本当に、どこで誰《だれ》が犯罪をしたのか、すぐ、即座《そくざ》に分かる。日本の警察は後《おく》れている」と言われているわけですが、そのＡＩシステムと監視《かんし》カメラはほとんど日本製の機材でできていて、日本の会社は儲《もう》けているのだと思うのですけれども、「それに加担した罪はありますよ」ということは、やはり言っておきたいのです。

こういうところが怖《こわ》いのです。

左傾《さけい》化し「神仏《かみほとけ》の心」が忘れられている現代の世界について

さらに、もう一つの流れとして、「民主主義国家」といわれるところの流れのなかでも、結局、左へ左へと寄っていっていて、今、（共産主義国家と）どちらが〝左〟だか分からなくなってきています。

中国のやっている軍事専制国家はヒットラー的になってきているので、「右翼《うよく》」でしょう。中国の右翼の台頭です。ですから、ヒットラーの台頭と同じように考えていいと思うのです。ほかの国から見れば、今、右翼の全体主義になりつつあると思うのです。

アメリカのほうが、ハリウッドのスターなども民主党を応援《おうえん》してやっていてトランプ氏を追い落としたように、左翼が強くなってきています。

人権思想が緩《ゆる》やかに流れていくと、「男女の同権化」から、今、さらにもっと〝メルトダウン〟して「ＬＧＢＴの保護」その他と、どんどんどんどんなし崩《くず》しに世界中で言ってきているような感じがします。

宗教の後退と同時に、「神仏《かみほとけ》の心」というものは忘れられて、要するに「人間がこの世でどう扱《あつか》われるか」だけの問題になってきつつあるような気がします。

これは、世界的に見て危ない状況《じょうきょう》が今、来ているのではないかと思うのです。

地上での生存だけの問題になっていて、「その生存している人間の扱いがいいか悪いかは、お上《かみ》が決める」ということであっては、どのみち、ろくでもない世界が展開していくのではないかと思います。

マスコミ擁護《ようご》をしていれば民主主義が保たれていた時代もあったけれども、それだけではもう済まなくなってきた。マスコミも統制され、弾圧され、廃止《はいし》される時代になってきて、マスコミ人が特権を持っている時代が終わりつつあるし、そういう政府の国是《こくぜ》に合わない考え方を持ち続けている人たちに対して、例えば、臓器を抜《ぬ》いて売り飛ばすとかいうようなことが平気で行われることさえ阻止《そし》できないような国や世界になってきたのだとしたら、もう一回、やはり「神仏《しんぶつ》の心」から見た政治のあり方を反省しなければいけない時代が来たのではないかと思います。

ですから、私は、「日本にも、そういう意味での神仏の目から見た正邪《せいじゃ》の考え方を持ち、それに基《もと》づいて、『やっていい政治と、やってよくない政治』『やっていい経済行為と、そうでないもの』、それから『国民を護《まも》るための防衛と、他の国民を不幸にするための戦争行為』、このあたりをキチッと分けられる国になってもらいたいな」というふうに思っています。

7　同性婚問題《どうせいこん》に潜《ひそ》む危険

同性婚や夫婦別姓《ふうふべっせい》問題に見る、「差別」と「区別」の違《ちが》い

それから、今、日本でも、先ほど述べた、人種差別、性差別をなくす流れのなかにあるとは思うのです。同性婚《どうせいこん》の問題なども取り上げられていますけれども、今のマスコミの潮流としては、どちらかといえば、「男同士の結婚や女同士の結婚を認めなかったら保守反動」というような感じの言われ方で、とても恐《おそ》ろしい状態だなと思います。

新潮社などというのは、私はあまり好きな会社ではないのですけれども、それでも、「新潮45」が、国会議員の女性の、同性婚に批判的な論文を載《の》せただけで、

「休刊」という名の〝廃刊〟になっている状態などを見たら、マスコミのあまりのもろさというか弱さに、ちょっと驚《おどろ》くばかりではありません。

私は、もう裁判所までおかしいと思っています。

憲法十四条、「国民は平等である」という平等権に基《もと》づいて、「男と女は結婚できるのに、男と男、女と女は結婚できないのは人間の平等性に反する」という判断をする人が裁判官には出てくるのだけれども、はっきり言って、これは〝頭がおかしい〟と思います。

そういう意味ではないと思うのです。人間の平等は「仏性《ぶっしょう》における平等」であるし、「幸福になる権利を持つ」という意味では平等権は確かにあるけれども、「男女の区別をなくすということが平等ということではない」と思います。

例えば、その考えで言えば、学力の違《ちが》いを判定することも平等ではないし、上《じょう》場企業《じょうきぎょう》とそうでない会社を分けるのも平等でないし、持ち家の人と持ち家でない人がいるというのが平等ではないと言えば、それはそのとおりだけれども、これはそういうことではなくて、この世的にいろいろ区別しているということです。「区別しているのと、差別しているのは別だ」ということは知ったほうがよいのではないかと思います。

憲法二十四条に基づいて、両性の合意に基づいて結婚できるとされています。これは、昔の家制度、親の承認がなければ結婚できなかった封建《ほうけん》制度を打破した「戦後憲法のいいところ」だとも言われているけれども、これは、占領《せんりょう》軍のほう、ＧＨＱが日本の家制度を崩壊《ほうかい》させる目的でやったものです。

同性婚、あるいは夫婦同姓《ふうふどうせい》の問題、「別姓か同姓か」というのもやっていますけれども、最近、（本法話《ほうわ》の）直前には、「戸籍《こせき》には別姓での結婚というのは記載《きさい》できない。結婚としては認められるけれども、別姓は法的には認められない」というような判決が出ていました。

とにかく、戦後、憲法から民法に関して、日本を解体する目的でつくられたものについては、もう七十年以上たっているのだから、見直しをかけられなかったらおかしいというふうに思います。

「八月革命説」で、全部骨抜《ほねぬ》きになった戦後の憲法を肯定《こうてい》した憲法学者の宮沢《みやざわ》俊義《としよし》が地獄《じごく》にいるということをやはり考えるべきだと思うし、民法も、だんだん家庭が崩壊するように、その促進《そくしん》用にどんどん変えていかれているところに対しても、やはり問題はあるというふうに思います。

私は、男性同士で気の合う人が一緒《いっしょ》に家に住んで、同居しても別にいいと思うし、女性同士が住んでもいいと思うし、財産を譲《ゆず》りたかったら、先に死んだ人が遺《のこ》った人に譲っても構わないと思います。

しかし、「同居権や財産権の問題と、結婚の定義とは別だ」というふうに私は思っているのです。それはあげたい人がいたらあげたらいいし、自分の病気とかで看護などをしてくれた人に財産権をあげたいというのなら、それはあげてもいいと思うし、そういう法制度はありえるとは思いますが、結婚の定義は違うと思っています。

「心は男性」「心は女性」とされる人の霊的《れいてき》真相とは

さらに、今のコロナウィルス対策も、もう医者が音頭《おんど》を取って全部決めているようなところがあるけれども、医者は全智全能《ぜんちぜんのう》ではありませんので、いろいろなところの業界を潰《つぶ》してしまいます。自殺者をいっぱい出し、経営者も自殺させるようなこともやっているわけです。人助けをするはずの医学がそういうこともやっていますので、このへんの限界を知るべきときが来ているというふうには思っています。

だから、医者が判定して、「この人は心は女性だ。体が男性だけれども心は女性だから、体は男性でも〝女性〟だ」と言って、男性器が付いている人が女子中学に入れるとかいうことを認めたりするようなことも起きてきているわけですけれども、やはり、ちょっとおかしいなと思ってはいます。

それから、心は男性なのに体が女性だからということで、やはり、「女性だけれども男性に扱《あつか》え。そういうのも法的権利だ」と言っています。

確かに、外科《げか》手術とかでやっているうちに、だんだん、人間の肉体などどうにでも改造できると思うようになってきているのかもしれないけれども、やはり、本来の神仏のお考えから見たら、とにかく、「地球での魂《たましい》経験においては、男女を分けて経験をさせることによって、豊かさと繁栄《はんえい》をもたらそう」として計画を立てているわけなので、それを勝手に乱していくのはどうかなと思うのです。

ソドムとゴモラが、まるで核《かく》兵器でも落ちたかのように全滅《ぜんめつ》したことが、『旧《きゅう》約聖書《やくせいしょ》』にも書かれているけれども、それを推進するような法律がいっぱいつくられていって、それが今、世界の風潮、欧米《おうべい》の風潮になってきているということに対しては、「信仰心《しんこうしん》の薄《うす》れと同じものがあるのではないか」というふうには思っています。

（同性と）同居してもいいし、財産権を譲ってもいいとは思うけれども、それ以外の「結婚」とはいったい何を意味しているのかが、私にはよく分からないのです。

例えば、昔、釈迦《しゃか》の戒律《かいりつ》では、獣姦《じゅうかん》とか、あるいは鶏姦《けいかん》とかを犯《おか》すことを禁ずる戒律というものがありました。異性間の性行為《せいこうい》を禁ずるようなことを教団のなかでやると、今度は「禁じられていないものならいいんだろう」ということで、動物とセックスをする、あるいは鶏《にわとり》とセックスをするような者も出てきて、それでまた戒律が立てられたなどという、おぞましいものが記録としては遺っています。

今も、異性間の問題で、あまりにも「パワハラだ」「セクハラだ」と、いろいろなことを言いすぎるので、もう、異性になるとすぐに罪にされるから、同性のほうに走っている面も一部あるのかなと思うことも多いのです。

私は、医者が判定する「心が男性」だから「男性だ」、「心は女性」だから「女性だ」、というのには、やはり、宗教家として異議は言わざるをえないと思っています。

現実に、リーディングとして、過去世《かこぜ》リーディングとかもやっている人間として見たら、「過去世が男性なのに、今回は女性」とか、「過去世は女性なのに、今回は男性」という人はいっぱい出てきます。

そうしたら、正真正銘《しょうしんしょうめい》の、「心は男性」とか「心は女性」とかいうのは、ありえることなのですけれども、そうした、過去世で男性だった人が女性に生まれ、女性だった人が男性で生まれて、今、生きている人は、過去世で男性だった人が女性になっても、けっこうまともに女性として生きているのです。

過去世で女性だった人が男性になった場合も、男性としてきちんと生きていて、女性と結婚までしています。それは意外にうまくいっているのです。

ところが、「そうでない」と、どうしても「自分は女性だ」「自分は男性だ」と言っているのは、もしかしたら、生まれ変わりのシステムのなかで、計画と違う生まれ変わりをしているのが、一部、紛《まぎ》れ込《こ》んでいる場合もあるかと思っていますが、それについては、まだ私はそれの実例を見たことがないのです。「計画ミスにより、こうなった」というのは見ていないので、ちょっと言えないのですが、そういうことがないとは言えず、可能性を完全には排除《はいじょ》できないわけです。

ただ、もう一段、恐れていること、もっと可能性が高いことは、「強度の憑依《ひょうい》を受けているのではないか」ということで、それが心配なのです。

男性が、〝女性趣味《しゅみ》〟を持っているような男性だったら、「不成仏《ふじょうぶつ》の女性霊《れい》がその人に取り憑《つ》く」ということは十分にありえるのです。強度の憑依霊として、異性の憑依霊が憑いていると、憑いているものと行動がそっくりになるので、その女性霊が好んでいたようなことを、生きている人間がし始めるのです。

ですから、スカートの好みや色の好みから食べ物の好みまで、全部変わっていきます。自分が今まで好きだったものが嫌《きら》いになって、今までは決して食べなかったものを食べ始めるような感じのことが、現実に起きます。

この憑依霊のところが分からなくて、憑依されている状態をもって「心が男性だ、女性だ」と判定し、「だから、男性でいい」「女性でいい」というようなことをやるなら、これは法律としては間違っているところまで行っているのです。

根本《こんぽん》には、法治国家の思想のもとにある、法の根源にある神仏の存在のところまで思いが行っていないために、そういう現象だけを見て判断しているなら、これはまた医学による間違いの一つだと思うので、もうちょっと慎重《しんちょう》であってほしいと思っています。

特に、日本では、今、都道府県あるいは市などの条例レベル等で〝同性婚〟のようなものができるようになっていますが、先に待っているものは、たぶん、あまりいいものではないのではないかと思っています。

過去世で、はっきり男性・女性が違っていても、生まれたときにちゃんとその役割を果たしている人がいっぱいいるのを見て、「これは違うのではないか」と思うのです。

「男性が女性になり、女性が男性になることもよくある」というのは、やはり、何らかの意味で魂修行《しゅぎょう》を平等にするために、平等権を与《あた》えるために行われていることであるので、それは、人間の好みで勝手に変えていいことではないのではないかというふうに思います。ですから、慎重であってほしいと思います。

ＬＧＢＴの行きすぎが〝人類崩壊《ほうかい》〟を招く？

先ほど言ったように、「一部、本当に生まれ間違いのようなのもあるのかもしれない」とは思うのですけれども、ただ、メジャーでないことは間違いないのです。

ですから、「調査したら、七パーセントだとか、十一パーセントだとか、男女の逆転があるので、それは認めるべきだ」とか言われても、「そんなにあるはずがない。たいていの場合、それは〝憑依霊〟の問題ではないか」と思うのです。

これには、「宗教としては、それまでは認めるわけにはいきません。憑依霊の人権までは認めません」ということを言っておきたいと思います。もし、それを単なる権利として認めてしまい、「どちらにでもなれる」というなら、地球での修行目的に反することになると思います。

宇宙では、「単性」というのもあるし、「男性、女性、中性」というのもありますので、そういう魂修行をするところもあるとは思うのだけれども、地球では、まだ、そういうかたちは明確には認められておりません。

事実行為としては、そういうことがないことはないのです。尼僧院《にそういん》で女性同士が愛し合うとか、出家《しゅっけ》の僧侶《そうりょ》同士で男ばかりなので、稚児《ちご》さんをかわいがるとか、そういうことはあります。

あるいは、戦国武将が、戦場には女性を連れていけないので、小姓《こしょう》さんを女性代わりに、今で言えばバイセクシャルになりますけれども、「家に帰れば美女が揃《そろ》っていて、戦場では小姓さんと遊んでいる」というのがあるのかもしれません。これはバイセクシャルになると思うのです。

そういう時代もあったかとは思うし、そういうことが出てくることもあるかもしれませんが、「それは永遠普遍《ふへん》の権利として認めるようなものではない」ということは、考えておくべきではないかと思います。

「少数者を差別することは、よくないことだ」という意見は分かります。しかし、それが、多数者の考え方を、「間違っているから改めろ」と言うところまで来るなら、これはやりすぎではないかと思います。

それはいずれ、ソドム、ゴモラのように、人類のなかから人類自体を崩壊《ほうかい》させていくシンドロームになっていくのではないかというふうに考えます。

8　コロナの試練に打ち勝つために

世界の流れを変えていくためにすべきこととは

いろいろなテーマについて話をしました。十分に整理はできませんでした。しかしながら、現代の抱《かか》えている問題について、言いたいことを一部述べましたので、そのなかに多少なりとも使えるものがあったら、使っていただければいいと思います。

私が言っている方向で街宣《がいせん》をやったら、どうせ票が入らないほうに行くのだろうと思いますが、「以《もっ》て瞑《めい》すべし」です。

今、その「神仏の考え」についていこうとしている人が、地上で少数派になっているのですから、それは選挙型民主主義では負けることのほうが多かろうとは思いますが、そういうときに意見を言う人がいれば、後《のち》の時代はそれで変わってくるのです。少数でも、意見を言い続ける人がいれば、世界の流れが変わってくるので、「現在ただいまの〝勝ち〟につながるかどうか」という観点だけで考えないでいただきたいと思います。

少なくとも、私が言っていることは地球の中心的な指導霊人《しどうれいじん》たちの考えと同じなので、それを、人口が多くなったからといって、「多くの人口(がいるということ)から見たら、自分らの票で決められる」とだけ思っているなら、その民主主義は間違《まちが》った民主主義だと私は思っております。

神仏の霊流《れいりゅう》を引く、その考え方を引くような民主主義には、「悪王を取り除き、暴政を取り除き、専制独裁国家を崩壊《ほうかい》させ、そして、多数の人たちが幸福になれる世界をつくるチャンスがある」とは思っておりますけれども、それが「唯物論《ゆいぶつろん》の下《もと》に、あるいは医学や科学の仮説の下に、〝いじれる〟ような国になったり民族になったりしていく」なら、これは残念ながら、天変地異その他の反作用をいっぱい受けることになるだろうというふうに思っています。

東京五輪に対する見解と国民や政治家へのメッセージ

コロナウィルスに関しては、先ほど言いましたように、この増え方のペースから見れば、こんなものではとどまらず、もう少し広がると思っています。

まだ「東京オリンピックを断行する」とか言っていますし（説法《せっぽう》当時）、国内だけを見れば、これだけの人数ぐらいだったら、やれないことはないとは思うのですが、世界の情勢を見たら、どうでしょうか。

オリンピックは世界が自由に行き来できる状況《じょうきょう》でなされるべき平和の祭典であるので、外国の人たちはもう来られない状況で国内だけでやるとか、選手を監禁《かんきん》して、陽性が出ない人だけで走るとか跳《と》ぶとかでやるのだったら、考え方としてはどうなのかと思います。

さらに、「日本の次に中国で冬季オリンピックをやる」とか言っているけれども、「ああいう、嘘《うそ》の統計で世界を攪乱《かくらん》しているところが、オリンピックをやるに値《あたい》するのか」というようなことも考えます。

こういう、「オリンピックができるか、できないか」が問題になるようなときというのは、世界的な戦乱が近づいているときであることがたぶん多いだろうと思います。

私としては、「オリンピックをやるために、緊急《きんきゅう》事態宣言のようなものをいっぱい出して、国民の生活を破壊したり、統制したり、監視社会をつくったりするぐらいなら、やめてしまったほうがよろしいのではないですか」と思っています。

（飲食店等の）営業をやったらいいのです。午後八時でやめないといけない理由はないのです。休業しなくてはいけない理由はないのです。生活があるのだから、やったらいいのです。

コロナに罹《かか》っても、風邪《かぜ》のように治る人もいるし、インフルエンザのように治る人もいます。重症《じゅうしょう》になって死ぬ人もいます。それはしかたがないのです。

でも、働かなくては食っていけないのです。これは原則です。ですから、働かない人が死ぬのはしかたがないのです。働かない人に補助金を撒《ま》き続け、そんなものが続く国家など、どこの国にもありえません。ですから、働かなくてはいけないのです。

打ち勝てるかどうかは、試練です。一定の被害《ひがい》は出るとは思うけれども、自由には責任が伴《ともな》うのです。責任が伴った自由を行使して、自分たちが「正しい」と思うことをやったらいいと思います。

だから、「飲食業界は全部駄目《だめ》」とか、そんなのはやはり乱暴すぎる議論だと思うのです。コロナ時代でも、家のなかのやり方や換気《かんき》とか、いろいろな改造をして、「うちは大丈夫《だいじょうぶ》です」ということをやるなり、あるいは、もう少し工夫《くふう》するなりして、自由を行使し、責任については取らなければいけないのです。

そういうふうに、やはりやるべきではないかと思っています。

そういうことですので、私は、「きれいごとだけの政治」はもうやめたほうがいいと思います。「戒厳令《かいげんれい》を敷《し》くような人が政治家として有能」というような評判が出るような時代は、とても怖《こわ》いものなのです。

「国民の自由を圧迫《あっぱく》するもの」に対しては、もっと警戒して、やはり警告を発するような国民でなくてはいけないと思います。簡単に屈服《くっぷく》するような、尻尾《しっぽ》を巻くようなマスコミも情けないし、弱いところばかりいじめるような、個人攻撃《こうげき》ばかりするようなマスコミも情けないと思っています。

特に、上のほうにいる人たちには、自分たちの時代に悪いことが続いているなら、「心を改める反省の行《ぎょう》」をすることを望みたいと思います。

第2章

コロナ不況《ふきょう》にどう立ち向かうか

――個人と組織の生き残り戦略――

二〇二一年六月八日　説法《せっぽう》

東京都・幸福の科学総合本部にて

1　コロナ禍《か》で揺《ゆ》れる世界の価値観

一年前に出した二冊の本が予言した「コロナ不況《ふきょう》」

去年、コロナに関しては二冊ほど本を出しました。『コロナ不況《ふきょう》下のサバイバル術』と『人の温《ぬく》もりの経済学』と二つ出しまして、『コロナ不況下のサバイバル術』は二〇二〇年五月二十八日、『人の温もりの経済学』は二〇二〇年七月十日ぐらいの発刊です。まだそんなに数としては日本に感染者《かんせんしゃ》が出ていない段階での説法《せっぽう》も入って

『コロナ不況下のサバイバル術』（幸福の科学出版刊）

『人の温もりの経済学』（幸福の科学出版刊）

いると思います。感染者が一万数千人とか、そのくらいのところから入っていると思います。

今（六月八日時点）、七十万人台後半ぐらいの感染でしょうか。そして今、（同二書が）言っていること自体はだいたい当たっている。そのとおりです。考え方とかについては、ここにもうほとんどヒントは出ているので、これに〝後追い〟して、今いろいろな言論が出たり、政策が出たりしている面もあるかなと考えております。

でも、だいたい一年たちましたので、この二書もまだ使命を果たしていますけれども、新たに話をしてみたいと思います。

実際の数字が、感染者の数字とか被害《ひがい》とかが桁違《けたちが》いに大きくなっております。日本も、一年前の一万数千人ぐらいの感染だったのから八十万人に近づいているレベルで、いずれ、これはもう百万人に行くのは時間の問題でしょう。

アメリカは、人口の一割である三千三百万人を突破《とっぱ》したのはちょっと前ですし、ヨーロッパもかなりの数です。イギリスのように、人口が日本の三分の二ぐらいしかない国が多いのですけれども、そういうところでも何百万人まで行きました。

それから、インドでもすごく流行《はや》って、一時期は一日で四十万人が感染するようなときもありました。ここも二千万人を超《こ》えて今広がっていますが、おそらく衛生状態やいろいろな医療《いりょう》関係の環境《かんきょう》整備に関してはちょっと甘《あま》い伝統があるので、そんな簡単には治るまいと思います。人口比から見れば、十三億人のインドがこんなもので済むことはおそらくないだろうと思います。もっと行くでしょう。

ブラジルもすごく流行っています。インドもそうですが、ブラジルも貧しい人たちの密集した地域とかがありますから、そういう所は止まらない。生活レベルが低くて、不潔で衛生状態が悪いなかに住んでいる人たちがいっぱいいいる所もあるので、そんな簡単には止まらない状況でしょうか。

そうした人口の大きいところが流行るのもよく分かるのですけれども、今回は先進国からけっこう流行っていったし、さらに、どんどん移っていっています。まるで台風のように、目が移動していっているように見えます。中心の所が移動していって、今、マレーシアとかがすごく流行ってきておりますし、東南アジアあたりに広がりつつあるようには思います。

アフリカとか中東あたりは、本当はどのくらい流行っているか、流行るかということは、ちょっと統計的に信用ができないので、実態が分かるのにはかなりの時差があるかもしれません。アフリカの統計など、たぶん出やしないと思います。とにかく、病院がありませんし、マスコミがほぼ駄目《だめ》ですし、政府が確実にカウントできませんから。

唯一《ゆいいつ》、十四億人もいる中国だけが、感染者が広州《こうしゅう》にちょっと流行ったということで、もう一回、梃子《てこ》入れが入ったようですけれども、ほとんど増えないで、なぜか前は「一人っ子政策」だったのが二〇一五年に二人まで許して、ついに三人まで産んでもいいという、まあ、「世界中、中国人にするつもりなのかなあ」とちょっと一瞬《いっしゅん》思うような政策を取っています。不思議です。

このままいくとどうなるかということですが、中国人の人口が増えても、華僑《かきょう》風に外に出せる人が欲《ほ》しいですから、（人口が）あってもいいし、さらに、中国だけがもし発表しているとおりコロナが広がらないということであれば、ほかにワクチンをつくっているところはいっぱいありますけれども、ほかのところではたぶんまだ増えますから、「中国製のワクチンしか効かない」という結論になって、「中国製のワクチンを入れるためだけに、臣下《しんか》の礼《れい》を取って近寄らなければいけない」という状況が出てくるのではないかと推定されます。

このへんまでもし考えている人がいるとしたら、通常の知能で頭がいいというわけではありませんが、「戦国時代などの相手との駆《か》け引きで、裏から攻《せ》め、出し抜《ぬ》いて、敵を倒《たお》すような頭のよさ」という意味での〝悪い知能指数〟はすごく高いなという感じはします。まあ、世界はまだそこまでは思っていないでしょう。アメリカは、歴代大統領が「アメリカが正義であるのは、アメリカ国民が善良であるからである」というようなことを何度も繰《く》り返し言っているわけですが、この「善良」の意味がどういう意味かということです。もし「悪なる意図を持っている者を野放しにする」とか、「糾弾《きゅうだん》しない」とか、「分からないものはファジーなままにしておく」とかいう意味を持った善良さであるならば、問題は出てくるかと思っています。

世界がアメリカに期待していたのは、「善悪をはっきりして、間違っていると思うものに対しては戦争も辞さない態度で、世界の警察官をやる」ということであり、それをやってきたのが、アメリカがリーダーであった百年間の時代だと思うのですけれども、ここのところの価値観が、今、大きく揺《ゆ》れてきていると思います。

中国をめぐる世界の流れは変わりつつある

今日は国際政治の話をするのがメインではありませんけれども、例えば、難しいのですが、「イランと中国」の問題があります。

イランはアメリカに敵視政策をされたし、中国も仮想敵になっているから、イランと中国が結ぶのはそうだろうと思っていたけれども、最近の『黒帯英語十一段⑦』（宗教法人幸福の科学刊）にも載《の》っていると思いますが、二十五年間の同盟関係みたいなものを中国とイランは結びました。アメリカに敵視されるもの同士が結びついたほうが強くなるから、完全にそうするでしょう。だいたい読めていたとおりではあるのです。

けれども、中国は中国でまたイランと結ぶが、中国はイラン以外のアラブ諸国をも「一帯一路《いったいいちろ》」戦略で傘下《さんか》に収めようとしている。その「アラブ諸国 対 イラン」の関係はどうなるかというと、これはまったく今、見通しはついていません。どうなるかは分からない。

このなかで、もう一つは、ミャンマーで軍事政権が立ち上がって、民主主義勢力のほうは弾圧されています。ほとんど香港《ホンコン》と同じようにパラレルというか、同じように並行《へいこう》的に進んでいるように見えます。おそらく軍事政権のバックには、信用度の高い「ザ・リバティ」誌が言っているとおり、中国が後押《あとお》ししているに違いないと私は思っております。

けれども、ミャンマー以外のほかの東南アジアの国たちは、今、急速に中国を恐《おそ》れ始めてはいます。この

『ミャンマーに平和は来るか』（幸福の科学出版刊）

月刊「ザ・リバティ」（2021年７月号、幸福の科学出版刊）

時期に、軍事的な覇権《はけん》を広げつつも、「ワクチン外交」なども進めて、「ワクチンがつくれない国でコロナを恐れているようなところは、中国寄りに（舵《かじ》を）切らないと生きていけない」みたいな感じの圧力をだんだんかけてくることに対して、何とか団結して護《まも》らなければいけないのではないかという動きは出ております。

一方では、アメリカ、イギリス、それから日本、ドイツまで入って、香港、台《たい》湾《わん》等で有事のときに、何らかの圧力を軍事的に加えられるように、日本近海あたりで行動できるような動きをし始めています。

イギリスの空母が来るのも珍《めずら》しいのですが、ドイツが軍艦《ぐんかん》を出してくるというのも、これもまた久しぶりというか、珍しいことではあると思いますので、世界の流れは今変わってきつつあって、だいたい私が言っていたようなことが何となく浸透《しんとう》してきたのかなというふうに思っています。

まだ完全には実現していませんけれども、「ウイグル解放の日」は近づいていると思うし、やはり、チベットとか香港とかでやっていることについて、「善悪を明らかにしなければいけないときは来ている」と思うのです。

六月四日に、天安門事件《てんあんもん》（一九八九年）の慰霊《いれい》の日が来ました。いつもは香港ではものすごい数の人が慰霊をしていたのだけれども、やはり中国のほうは木で鼻をくくったような対応をしていました。

あのとき、当局は確か、死者は三百何十人ぐらいで発表していたのではないかと思うのですが、いちばん少ない予測で三千数百人は亡《な》くなっていて、一万人を超えている可能性も高いといわれております。中国の場合は、マスコミが全部〝国営〟ですのでもう使えませんし、民間のマスコミがやった場合は逮捕《たいほ》されますので、結局、数字は分からないのです。おそらく数字はもっともっと大きいものでしょう。

これに対して、日本が中国制裁を破るかたちで天皇訪問をやってしまって道を開《あ》けてしまったことが、その後の国際政治経済にとっては大きなマイナスを起こして、世界の平和を傾《かたむ》けることになったというふうに考えております。

2　コロナ不況《ふきょう》と「東京五輪後」の見通し

今回の不況は、今までの景気循環《じゅんかん》とは違《ちが》う

さて、これからが難しいところなのですが、今日はちょっと経済的な面のほうが中心になるかと思うのですけれども、一年たちましたので、何らかのことを同じようなテーマでも言うべきかと思います。

「コロナ不況《ふきょう》にどう立ち向かうか」ですが、これは本当に深刻な問題で、これから本格的に来ます。

まだ今は持ち堪《こた》えています。一過性のものだったら、例えば不況とかが来ても一過性なら、二年や三年は持ち堪えることができます。企業《きぎょう》も持ち堪える力を持

っている場合もあるし、政府もそのくらいなら持ち堪えることはできるのですが、そうでなくなった場合は、これは大変なことになります。

ちょうど一九九〇年前後のバブル崩壊《ほうかい》の時期も、私ども宗教としてはもう四年ぐらいやって、非常に上《のぼ》り坂で走っていたころですけれども、「不動産を何か買わないか」という勧《すす》めがそうとう来ていた時期でした。「今が経済の底です。もう二年ぐらいで抜《ぬ》けるから、今買わなければ損ですよ」みたいな感じにそうとう言われていた時期ではあったのです。そういうふうな考えもあって、「二、三年ぐらいの周期の循環《じゅんかん》、景気循環でまた持ち直す」というふうに思っていたところが多かったかと思うのです。

一方、私どもは、九一年に東京ドームとかの講演もやったりして、派手にやっておりましたので、批判するマスコミ、週刊誌等から見れば、「大川隆法は新聞の一面を読んどらんのか」という感じの批判はあったと思います。「世間《せけん》がバブル崩壊と言っているのに、バブルを立ち上げて広めようとしている。何というところだ。新聞の一面を読んでいないに違《ちが》いない。『バブル崩壊』といっぱい書いてあるのに」というようなことを言われていたと思いますが、残念なことに、当会は「バブル期にも発展し、バブルが崩壊しても発展した」という結論でして、どっちみち、どんなことがあっても発展はしましたので、そんなに甘《あま》く考えていただきたくはないと思っています。

そして、「不動産とかも、もう底値《そこね》ですよ」と言われていた九〇年から九二年ぐらいのころには、ほとんど買っていないのです。そのころに買ったのは、鳴門《なると》の道場の千数百坪《つぼ》ぐらいです。数億円だったでしょうか。それ一個。宗教法人格取得のために鳴門に道場を建てましたけれども、それを一つ買ったぐらいで、あと不動産は買わなかったのです。

実際に買い始めたのは九五年からで、九七、八年ごろにいっぱい買っています。

これは、実はバブル崩壊後の時期では景気の底なのです。底値でいっぱい買いました。底値で実は総本山《そうほんざん》も建ち、底値で総合本部も建ち、ほかのところもいっぱい底値で建っております。

だから、世間様は「宗教なんて、そんなの疎《うと》い」と思っているかもしれないけれども、不動産や経済の専門家よりも、〝さらに厳しい目〟で見ているということは知っておいてほしいと思います。

「世間の勝負時とは違うときに、勝負をした」ということです。バブルが崩壊して世間が不況に入っているときに、当会はいっぱいものを建て始めたということです。好況のときに建てなかったということで、そういうことをやってまいりました。一つの私のほうの経済感覚、経営感覚の問題です。

そして、これからのことを言います。あまり具体的なことを言っても数字が変わっていくから、あまり現在ただいまのことにとらわれすぎてはいけないとは思います。

今、二〇二一年ですが、コロナは“COVID《コヴィッド》-19《ナインティーン》”といって、二〇一九年の十一月、十二月ぐらいから発覚したもので、実質一年半ぐらいです。実質一年半ぐらいの段階ですので、先ほど言ったように、「二、三年以内ぐらいで、景気循環風に、これはもう回復に向かって元に戻《もど》る」と思っている人はおそらく多いだろうとは思います。

だから、それを二、三年以内で元に戻すために、緊急《きんきゅう》事態宣言をしたり、ロックダウンをしたり、ワクチンを総出で打って打って打ちまくったりしているような感じで、急いで終わらせようとしているということかと思うのです。

これについての私のほうの見解を申し上げますけれども、「長さという意味では、短い循環風、小循環風な感じで不況が終わることはない」と判定しております。

さらに、今回の不況からの回復というのは、今までとは違った側面があると思います。

全体的に株の大暴落から始まるような不況もありますし、それから、戦争などによって壊滅《かいめつ》的になるような場合もありますし、いろいろあるのですけれども、今回、もう一つ違った面としては、「共産主義ではない国において、政府もしくは地方自治体の長《ちょう》による宣言によって、一方的に特定の業種が仕事ができなくなる。あるいはロックダウンで交通遮断《しゃだん》をする。あるいは夜八時以降の経営を禁止する。その他、面積が一千平方メートルを超《こ》えた大型店舗《てんぽ》は緊急事態宣言下では営業をさせない、アルコールは出させないとか、こんなことをいっぱいやっている」ということがあります。

感染症《かんせんしょう》学者のアドバイスを受けてやっているとのかたちはつくっているものの、ある意味では、日本が〝北朝鮮《きたちょうせん》状態〟とか〝中国状態〟になるのはそんなに時間がかかるものではないのかなという感じも受けました。〝その練習をしている〟ようにも見えなくはありません。ちょうど安倍《あべ》政権の間に、「ミサイルが来たらサイレンを鳴らす」みたいなことをやって訓練させていましたけれども、ちょっとそれに似たような感じを受けてはおりますので、気をつけないといけません。

国民の基本的人権や、日本が持っている政治経済的な体制が、気がつけばあっという間に違うものになっている可能性はあるということです。それは適法手続《てきほうてつづき》によってなるのではなくて、〝同調圧力〟や〝空気〟というようなもので変わってしまう可能性はあると思います。

東京五輪を断行した場合に予想される厳しい未来

また、今この時期に言うのは少しリスクもあるのであまり言いたくないのですけれども、オリンピックが、あと一カ月と数十日でやるかどうかというところに来ていて、一部、選手団等も外国から来て練習に入ったりもしている段階であります。

これも政局絡《がら》みになっていて、「オリンピックの中止を言った人が次の総理になる」とかいう話もあって、その誘惑《ゆうわく》に駆《か》られるようなことも言われているし、都知事だって、「都知事が中止を決断した次の週、総理の切符《きっぷ》が手に入る」とかいうふうな話も出てきているし、いろいろあるのです。

利害が錯綜《さくそう》するから難しいとは思うのですけれども、オリンピックを断行した場合、私の言う結論は、一つには、「第五波のコロナの増大というのは確実に来る」ということです。これは確実に来るだろうと思います。でも、来てもしょうがないとは思っています。もっと増えるはずなので、来るかなと思っています。

それと、断行した場合、もう一つは、アスリートたちがそうとう非難を浴びる時代が来るだろうと思います。職業的に優遇《ゆうぐう》されすぎているということです。

例えば、最近、テニス後のマスコミ記者会見を拒否《きょひ》したことで百何十万円もの罰金《ばっきん》を科せられた大坂《おおさか》なおみ選手の事例があります。全仏大会を二回戦で棄権《きけん》なさいました。「私はちょっと躁鬱《そううつ》の鬱の気《け》があって、もう嫌《いや》なんだ」というのがありました。

確かにスポーツ選手でも、世界のトップに立つような選手になったら、いろいろなことを訊《き》かれることがあります。例えば、「そこでオリンピックをやるべきかどうか」とかいうことを訊かれただけでも、確かに責任はすごく生じます。ほかにも、政治的なマターや全体について訊かれることがあるので、それにはリスクもあるとは思うのです。

でも、「大坂選手は、今年、年収、個人所得が六十六億円を超えている」とかいうのを聞いたら、どうでしょうか。企業で六十六億円の利益を出すというのは、今の時代なかなか大変なことですし、もっと大型の赤字を出しているところがい

っぱいですので、次々と倒《たお》れていく企業から見たら、「あれ、そんなに儲《もう》かって
よかったの？　去年は四十何億円の収入があったと言っていたけど、テニスで球《たま》
を打っているだけでそんなに儲かっていいの？　ほかのところでは格差是正《ぜせい》とか
平等とかと言って潰《つぶ》しているけど、ここはそんなに行ってもいいんですか」とい
うところはやはり出てくるでしょう。

ですから、オリンピックで、そのあとマイナスや被害《ひがい》が出た場合は、たぶんア
スリートたちはちょっと厳しめに見られ、今までさらされていなかった面がさら
されてくるだろうと思います。「テニスで球を打つのがそんなに偉《えら》いのか。野球
でホームランを打つのがそんなに偉いのか。野球で勝利投手になるのがそんなに
偉いのか。ゴルフで穴のなかへボールを入れるのがそんなに偉いのか」という、
この〝揺《ゆ》り返し〟は必ず来ると思います。

だから、「企業で活動して儲けたやつだけが悪人で、スポーツで個人でやった

ものはみんな善なのか」と。これに対しては、やはりもう一回、〝洗い直し〟が来ると思うので、御難《ごなん》は御難だと思います。

オリンピックをやるもやらないも、それは上が決めることでしょうから、「お上《かみ》が決めることですのでどちらでもできる」とは思いますが、無観客でオリンピックをやることの虚《むな》しさも、それはそうとうなものだとは思います。

やめたらやめたで、もちろん、設備投資をいっぱいして準備をしたものの責任と、使った費用についての責任が出るから、どっちみち政府にとっても東京都にとってもマイナスしかないのです。だから、今、「どちらのマイナスが大きいか」ということと、「どちらのマイナスが長く続くか」というところ、この両方を合わせて判断するしかないわけですけれども、いずれにしても厳しいことは厳しいのです。

そして、「人の命を失わせてまでスポーツをやるべきではない」というスポーツ選手の意見も出ておりますが、これも半分は正しいが、あとの半分は、もしその思想が本当にこの世の賑《にぎ》わいや生命の温存《おんぞん》だけにかかわることであれば、残念な面もあるかなと思っています。

「ワクチンによる対抗《たいこう》とか、コロナ防止のためのロックダウンとか、いろいろなものも、『世界はこの世だけのものであって』ということで、この世の繁栄《はんえい》を維持《いじ》するためだけにやる。命を救うためだけにやる」ということであれば、やはり何らかの限界は出てくる、哲学的《てつがく》にも限界が出てくるかなと思っておりますので、このコロナによるいろいろな混乱を、唯物論《ゆいぶつろん》を促進《そくしん》する方向では使ってほしくないなというのが、私の本心です。

それで、どう予想するかということですが、今年のワクチンを全国・全世界で打っていますけれども、「これで収まるようなことはない」というのが結論で、さらに変種して第五波から第六波、第七波、まだ来ます。これは必ず来る。

だから、コロナ禍《か》で生き抜く術《じゅつ》を考えなければいけない。長く生き抜くことは考えておかなければいけない。この間《かん》、活動を停止することはできませんので。人間としての営《いとな》みを止めることはできませんので。

台風やハリケーンなら、確実に通り過ぎます。被害があっても、それは通り過ぎるものですけれども、今回のコロナは通り過ぎない。要するに、「通り過ぎないで国から国へと中心点の目が移動していっているので、これがグルグル回っているうちにまた変種して、もう一回、回ってくる」ということです。何度も何度も回ってくるということです。

そして、日本発のコロナがまだ発生していませんので、これから、オリンピックをやったら、「日本発」のものがたぶん出てくると思います。それに対して、どこまで責任を取れるかどうかは分かりません。

3　〝世界戦争〟が今始まっている

中国の「二正面作戦」で脅《おど》されている日本

インドなども、ワクチンをつくっていっぱい〝打って打って〟していたのに、あんなに流行《はや》りましたから、おかしい感じはします。

コロナについて、原因探究はいちおうバイデン政権でもしようとはしております。先日（五月二十六日）、「九十日以内に結論を出す」とか言っていました。出せるかどうかは分かりませんけれども、何らかの意味で、その責任の元凶《げんきょう》の部分はやはり研究されなければならないと思います。

この数から見れば、世界戦争です。どう見ても世界戦争で、「これは一過性で、自然発生して、ちょっと流行った」というぐらいではなくて、本当に、「この時代に、全世界をグルグル回って、ある国以外には流行り続ける」というのであれば、これは、やはり考えなければいけないことはあるというふうに思っています。

そして、同時にまた、これが、「台湾《たいわん》や日本やアメリカ、イギリス、ドイツ、さらにオーストラリア、またフィリピンとか、ベトナムとかも参画しての、中国を囲んでの封《ふう》じ込《こ》め作戦としての戦いになるかどうか」という、もう一つの危険も絡《から》んでいますが、国際政治学者は、有力な切れ味のある答えは出せていません。「どういうふうにしたらいいのか」については出せていません。

驚《おどろ》いたのは、二日前の朝日新聞（六月六日付）を読んだときです。「あの朝日が、こんな記事を書くのか」というのは驚きました。一面、二面を通じて、「中国が二正面作戦で訓練をしている」という記事が載《の》りました。

尖閣《せんかく》方面の防空識別圏《けん》内に中国艦船《かんせん》や航空機なども出てくるので、日本がスクランブルをかけたりいろいろしているとき、まあ、日米がやる場合もあるでしょうけれども、それをやりながら同時に、同じ時期に（中国が）台湾の防空識別圏内もやはり侵犯《しんぱん》していて、台湾も防衛しなければいけないようになったというのです。

要するに、「日米が台湾を応援《おうえん》に行けないようなことがあるぞ」という威嚇《いかく》をやったということです。

「中国は日本と台湾を同時に侵犯できるのだと示した」ということを、あの朝日新聞が一面、二面に書いていました。私は、これには少し驚いたのですけれども、中国がそういうふうな兵法を使っているということです。

ですから、日本に〝シグナル〟を送っているわけです。「台湾を助けられると思うなよ。そのときに、おまえのところも同時に侵犯しているからね、侵略しているからね」ということです。「組ませないぞ」というような威嚇をやっているわけです。

こういうものが朝日に載り始めたというのは、ちょっと信じがたいことではあるのですけれども、私どもが言い続けてきたことが、今、いろいろなところまで浸透《しんとう》してきているのかなというふうには思います。

「アメリカの繁栄《はんえい》」が終わるとどうなるのか

朝日とほぼ同じ主張の東京新聞なども、多少そういうことも書くようにはなりましたが、まだ、バイデン政権が発足《ほっそく》して、「意外や意外、頑張《がんば》るじゃないか」というような記事も書いています。「何百兆円もの経済対策を組んで、バイデンはすごいじゃないか」というようなことも書いていますが、私としては「いや、そのあとに大増税が来るからね。それを見てから言ってほしいな」と思います。

確かに、以前の考え方は、「ごく一部の人が富の大半を持っていく」というもので、「一パーセントぐらいの人が、五十パーセントぐらいの富を持っている」とか、「二十パーセントぐらいの人が、八十パーセントぐらいの富を持っている」とか、いろいろな意見もあったと思うのですが、今度は、「その一パーセントの人が、税金の半分ぐらいは負担しなければいけないのではないか」とかいうぐらいの感じになってこようとしているわけです。

これが〝アメリカの繁栄《はんえい》〟を意味するのかどうかということは、それは左翼《さよく》型のマスコミから見れば、いいことのように言うかもしれないけれども、先は分からないでしょう。「アメリカン・ドリームが消えたあとの未来はどうなるのか」ということは問題です。

五カ国ぐらいを調査した結果も出ていましたけれども、面白《おもしろ》いことに、日本の調査では、いろいろな質問に対してポジティブな答えが十数パーセントぐらいしかないのです。「日本の未来に希望があるか」とか、「あなたには夢があるか」とか、「自分たちの力で、この国を変えられると思うか」とか、そういうような質問をした場合、ポジティブな答えは十パーセント台ぐらいの数字が出てきていて、中国とかインドとかでアンケートをやったら、中国人の場合、九十数パーセントぐらいの人が、「未来は明るい」「希望が持てる」「夢がある」「自分たちの力で、自分たちの国は変えられる」というようなポジティブな答えを返してきていました。

もしかしたら、そう答えないと、あとで、誰《だれ》が書いたかで〝お仕置き〟されるのかもしれませんけれども、ここまで行くと、〝完全洗脳〟はすごいなという感じはします。もし本気で言っているのだったとしたら、「本当に情報統制は完璧《かんぺき》になされている。為政者《いせいしゃ》に都合《つごう》のいい情報以外は知らない」ということを、これはたぶん意味することだというふうに思います。洗脳という意味では、ほぼ徹底《てってい》した洗脳がなされています。

大国としての日本が示すべきものとは

日本は、G7《ジーセブン》などのなかでも〝灰色で走って〟いる国の一つではあるのです。「政治は政治、経済は経済」で、「政治のほうではこちらと組んでいるけれども、経済のほうでは、近くの国とも仲良くしなければいけないし」というような感じでやっていますけれども、それが通用するかどうか。

私などもコーヒー通《つう》なので、「どこのコーヒー豆が入ってくるか」「どこそこ産のコーヒーが飲めるかどうか」というところで見ると、今はまだミャンマーのコーヒーが飲めるのです。ミャンマーから豆が入ってくるのです。

ということは、日本が、軍事政権を肯定《こうてい》はしていないけれども否定もしていないで、ある程度お任せするというような感じでやっているので、今、農村からミャンマー産のコーヒー豆を日本に輸入することは支障なくできているということです。

それから、台湾からのパイナップルがだいぶ入ってきていることは、みなさんもご存じだと思うのです。

中国が九十パーセント買っていたのを、「虫がいる」などと言って吊《つ》るし上げたので、アメリカなども買っていましたが、日本も買うようになっています。台湾産のパイナップルをうちも食べていますけれども、確かに、芯《しん》まで甘《あま》くてなかなか良質かとは思います。

また、数は少ないけれども、日本から台湾へワクチンを分けるというようなこともやっていました。菅《すが》政権が、そのあたりについて、かなり政治的な思考を見せてはいるので、怖《こわ》がっている人もいると思います。「巻き込まれるのではないか」と怖がっている人もいるとは思うのですが、やはり、こういう点において、「大国としての潔《いさぎよ》さ」は要《い》ると思うのです。

中国の統計が正しいとしても、日本は世界第三位の大国なのですから、そういう大国が、やはり「リーダーとしての見識」を持たなければいけないと、私は思うのです。アジアの諸国は見ていると思うし、ヨーロッパも見ているとは思います。

「一帯一路崩《いったいいちろくず》し」は、おそらく私あたりが、いちばん激しく最初に始めていると思うのですけれども、あれ（一帯一路）をやっていたときは、夢と希望に満ち溢《あふ》れたように見えていたと思います。中国の人もそう思っていたかもしれないし、あるいは、アジアや西南アジア、ヨーロッパの人たちもそう思っていたかもしれません。「ヨーロッパの金詰《かねづ》まりの危機を救ってくれる」と思ったかもしれないし、アフリカもそう思ったかもしれないけれども、「裏に意図があった」ということは、今はもうバレてきています。

ですから、「中国がここまでの意図を持ってやっているなかでの、経済や政治を考えていかねばならない」ということで、太い輪郭線《りんかくせん》を持ったものの考え方は持っていなければいけないのではないかと思います。

とにかく、日本は、反応が〝鈍《にぶ》い〟ことで生き延びようとはしています。それも一つではありますが。

私たちが宗教でいろいろな活動をしたり、本を出したり、映画をやったりしても、鈍い反応で、あまり影響《えいきょう》を受けない。こんにゃくのような感じか、水が入った風船のようなものをつついているような感じで〝戻《もど》ってくる感じ〟があって、破れない感じです。

そういうファジーな空気のなかで生き延びることだけを考えている国家になってきているようには見えていて、「正論は吐《は》けない、言えない」という感じになっているのかなと思いますが、スパッと言うべきことは言わなければいけないのではないかと思います。

オリンピックについても、先ほどちょっと話をしましたが、私は、基本的にはやめるべきだと思います。やるべきではない。こんなときにやってはいけないと思うし、平和なときにやるべきだと思います。

断行したければ、できないことはないでしょう。無観客で、テレビ放映だけでやって、そのほうが損失が少ないという計算が立つなら、やれないことはないでしょう。

ただ、そのあと、「コロナの第五波が来ること」と、「スポーツ選手等がかなりのバッシングを受けて、いろいろなかたちで厳しい面が出てきたりすることがある」ということだけは言っておきます。

4 「消費の経済学」の限界とは

コロナで悲惨《ひさん》な業界、儲《もう》けている業界

一方では、今、特定の業種に偏《かたよ》って、非常に悲惨《ひさん》な状態になっています。これは、かわいそうなぐらいの状態です。

例えば、「酒を出すところは駄目《だめ》だ」などといって〝営業停止〟にされたり、「午後八時まで」とか言われたりしています。

お酒を出す店では、氷を買っています。グラスに割って入れる氷を買っていますけれども、氷屋さんというものがあるのです。ところが、氷屋さんに対しては補償《ほしょう》がまったく出ないので、今、無理して氷を買っている店もあります。「氷屋

さんが潰《つぶ》れたら、あとで困るので」ということで買っているところもあるのです。そういう、いわゆる社会主義経済、いや、もっと言えば共産主義経済で、最も失敗しやすいという経済なのです。

要するに、「中央においては末端《まったん》がどうなるかが分からないのに、一律、線を引いて決める」というのは統制経済ですけれども、そういうふうになってきていますので、決めている人たちは、何が潰れるかが分からないわけです。「えぇっ？『酒を飲むな』と言ったら氷屋が潰れるの？それは知らなかった」というようなものです。そういうことがあります。

それから、「規模の大小にかかわらずリスクがある」ということも、今、大きな問題です。だから、大型店舗《てんぽ》もけっこう危ない。面積が一千平方メートルを超《こ》えている大型施設《しせつ》がけっこうな打撃《だげき》を受けているので、怖《こわ》いです。

コンビニ等はけっこう活況《かっきょう》を呈《てい》した時期もあったりしました。ちょっと波はあるのですが、警報が解除されたときは、また売上は減るのですけれども、また警報を出されると、売上が増える。

また、今は、街を歩けばよく見るのはウーバーイーツのようなご飯《はん》の宅配です。出てこないで家で食べるのでしょう。それが流行《はや》っていて、そこに脱《だつ》サラ組というか、リストラされた人たちやアルバイトの人たち、非正規で〝クビ〟になったような人たちは行っていると思うので、そこは活況を呈しているかもしれないけれども、これもいずれまた、元に戻《もど》ったら〝クビ〟になる人たちではあります。

それから、ゲーム業界などは、今はものすごく〝ぼろ儲《もう》け〟していますし、ネット業界等もものすごく儲かっているところはたくさんありますが、それは続くものではないだろうなとは思っています。

そこで、心してほしいことは、このようなことです。

いっぺんに解決することもなければ、いっぺんにまっしぐらの暗黒になるわけでもありません。格闘《かくとう》しながら、少しずつ回復していくしかないと思うのですけれども、今、必要なことは、英語で言えば「レジリエンス」というか、「レジリエントであること」ですけれども、「強靭《きょうじん》さ」です。やはり、ある意味での強さ、しぶとい強さです。これが要《い》ると思うのです。

日本刀も、硬《かた》ければいいというものではありません。簡単にパリンッと折れてしまうような、刀を交《か》わして打ったら折れてしまうような日本刀では駄目なのです。

硬くても、しなりのある強さがあって折れない日本刀でなければいけないのと同じで、会社の強さのようなものも、そうした強靭さが必要だと思うし、個人としても同じで、「ポッキリ折れる」とか、「心が折れる」とか言っているような人は、もうこの時代は厳しいです。

「心が折れる」などと簡単に言うような人は、もう厳しい。折れるような心であってはならない。竹のようにしなりながらでも持ち堪《こた》えて、戻していく力を常に持たねばならないと思います。

特に家庭を持ち、配偶者《はいぐうしゃ》や子供を養わなければいけない義務があるような人は、本当に台風のなかで立ち続けている竹のような強さを持っていないと、風が吹《ふ》いたら折れてしまうようではいけません。木は折れますが、竹はそう簡単には折れないのが普通《ふつう》です。そうした、しなるけれども折れないで戻しが入ってくる、そういう強さを持たないと、個人としても、会社としても、あるいは組織としても残れない。

（コロナ禍《か》は）簡単には終わらないと思って、たとえ十年続こうとも、そのなかをくぐり抜《ぬ》けて生き抜いていく強さが必要です。組織としても、個人としても、まったく同じです。これは一つ言えることです。

次なるバブル崩壊《ほうかい》の危険性

また、今は世界で協調して、金融《きんゆう》を緩《ゆる》めてお金を〝ダブつかせる〟ことによって倒産《とうさん》を防ごうという戦略でやっています。一部、功を奏しています。

そのままであれば、もう倒産しているものがたくさんあるのが、倒産していないところもあります。お金をどんどんどんどん出して、市場に余らせているからです。

それは、本来は不況の企業《きぎょう》に融資したり、設備投資などに使われるお金を提供したりしているはずなのですが、残念ながら、必ずしもそうなっていない面があって、お金が〝ダブついた〟面があり、行く先がなくて、株を買う資金のほうに流れていて、株価が不当に高く上がっています。

（日経平均株価が）三万円は切っているとは思いますけれども、それでも、最《さい》高値《たかね》から、バブル崩壊《ほうかい》してからあとではいちばん高いところまで上《のぼ》っているので、政府のほうは、〝見せ株〟ではないけれども、これで景気が回復したように見せたいのだろうなと思います。狐《きつね》の尻尾《しっぽ》をユサユサ振《ふ》っている感じなのですけれども、騙《だま》されていない。企業も個人も騙されていないのです。

一部投資家たちは、うまいこと生き抜けば、利益を稼《かせ》ぐことができるので、賢《かしこ》い方はそうやって利益をあげているとは思いますが、普通の企業や普通の個人がやったら、いずれ〝火傷《やけど》する〟ことにはなるでしょう。これは実体を反映していませんから。景気がよくなる理由がないですから。

お金が〝ダブついて〟いるけれども、銀行預金で利子がほとんど付かないので、「もし上がれば儲かる」と思って株を買っている人が多いというだけです。これは実体がないので、実体を伴《ともな》わなければ、いずれまた「次なるバブル崩壊」を呼ぶことにはなるでしょう。

それから、政府と一体となっている日銀の資産が七百兆円を超えているということですが、「資産」と言うととても聞こえはいいのですけれども、金《きん》の塊《かたまり》を七百兆円分持っているわけではないのです。持っているのは国債《こくさい》とか株とかであり、そういうものを買い集めているわけです。資金供給のために買っているわけなので、これが〝紙切れ〟になったら「終わり」なのです。日銀も日本政府も「終わりのとき」が来る場合はあるのです。

ただ、全体的に見ると、まだ民間のほうで、企業と個人のほうで何百兆円か資金を余分に持っているので、政府機関が潰れても、国自体はつくり直せばもつレベルです。

アメリカなどであれば、役所が潰れることも現実に起きるし、日本でも、市レベルぐらいであれば、破産団体になるようなことも過去、起きていますけれども、この可能性はある。

これから予想される「二つの増税」

東京都も一兆円はもう使っていると思いますから、石原慎太郎《いしはらしんたろう》元都知事のときに貯《た》めたお金はほぼ使い尽《つ》くしていると思いますので、これが短期で解決すればいいが、短期で解決しなかった場合は、これから〝赤字団体〟に転落していくことになりますから、さあ、どうやって税金を集めるか。

そうなると、「資産課税」をするでしょう。「資産を持っているところに課税」する。それと、「貯金をしているところに課税」する。この二つをするでしょう。

これをやるのにいちばんいいのは、国民の財産を何かで一元管理できるシステムをつくり上げるやり方です。

デジタル庁は、そこで番号さえ押《お》せば、その人を〝丸裸《まるはだか》〟にできる。その人の状況を〝全部丸裸〟にできるようにするのがいちばんいいやり方ですので、恐《おそ》ろしいことだと思ってください。

〝餌《えさ》〟をくれて丸々と太ってうれしがっている〝豚《ぶた》〟になっているかもしれませんけれども、その先にあるのは、〝豚殺し〟があって、〝肉〟にされて、〝豚の腸〟を取り出されて、豚の腸のなかにその肉を詰《つ》めて〝ソーセージ〟をつくるという作業がやって来るので、「補助金を撒《ま》いて〝餌〟をいっぱいくれているように見えても、そのあとに来るのは〝腸詰めのソーセージ〟になりますよということが来るでしょう」ということです。

それは、バイデンさんが、しばらくしたらやるでしょう。中間選挙が終わったら、すぐそういうことをかなりやり始めると思いますけれども、怖いことです。

また、トランプさんのフェイスブックを二年間も使えないようにしたりしていますけれども、これは、「狂人扱《きょうじんあつか》い」です。選挙で七千四百万票も取った人を狂人扱いして、フェイスブックを使わせないようにするということをやっています。

民主党に有利なようにやっているけれども、その民主党に、GAFA《ガーファ》系統というか、そういうネット系のグローバル企業等もいずれは裏切られます。もうすぐ裏切られて、税金はお金があるところから取るでしょう。そういうところは、今、大儲けしていますので、たぶん、もうざっくりと税金を取られると思います。ですから、どこが生き残れるかは知りません。

アメリカの中枢部《ちゅうすう》も、実は共産主義思想にもう染まってきていて、「お金が儲かっているということは搾取《さくしゅ》したことなんだ。搾取したところからお金を取って、それをばら撒くことが平等なんだ」という考えが入っていますので、これは、「鼠小僧次郎吉《ねずみこぞうじろきち》の経済学」です。英語に訳せないかもしれないけれども、日本語で言えばそういうことです。「大金持ちのところに夜な夜な強盗《ごうとう》に入っても、その小判《こばん》を屋根の上から庶民《しょみん》に撒いてやるやつは、これは義賊《ぎぞく》というか、よいことをするロビン・フッドみたいな感じに見えて、いい」というわけです。

要するに、正規に選挙で選ばれた大統領が、「ロビン・フッドの経済学」、あるいは「鼠小僧の経済学」をやるということです。まもなくやります。

結局、今は大儲けしているところもやられるし、儲かっていないところは立ち直れない。

それから、日本でもそうですけれども、個人にも補助金を出したり、企業にも出しているけれども、出しても消費には回っていません。ほぼみんな使っていない。賢いです。当たり前のことです。

これはもう根本的に考え方を変えなければいけないのです。安倍《あべ》政権下は特にそうでしたけれども、「消費の経済」で景気を回復させようとしていました。中国もそうです。

コロナの始まる前は、三千数百万人ぐらいの外国の客が日本に来て買い物をして、旅行もして、お金を落としてくれる。「インバウンド経済」です。日本人も二千万人を超えて、海外旅行をして海外で金を撒いてきていました。消費経済をもっと増やそうとして、安倍政権下では一年間に六千万人ぐらい、海外から客を呼ぼうとしていた。そのときにコロナが流行って、これが関所みたいになって全部止まり始めた。

こんなことは想定外のことですけれども、これで考えなければいけないことは、「消費の経済学」だけでは、もはや、もたないということです。いちおう、これだけは知っておいたほうがいい。

もう何が生き残れるか。

何かイベントなり企画なりをやって、大勢の人を集めれば経済学的には絶対に勝てるという経済学だったけれども、これも今は潰れているし、それから、密接なサービスをしたら儲かるはずだったのに、それも今はできなくなってきているし、それ以外のものとしては、特定の業種に関しては禁酒法時代みたいなことが起きて、できないものがいっぱい出てきて、その業界は、お上《かみ》の指図一つで、潰れるか潰れないかが決まるレベルになってきているということです。

ですから、すごく大変な時代に入ります。

5 知恵《ちえ》を絞《しぼ》って「新しい価値」の創造を

コロナ禍《か》の時代を生き抜《ぬ》くための提言として

私のほうの提言としては、先ほど言いました「強靭《きょうじん》であること」――個人的にも強い体質を持つこと。それから、会社においても同じであること。景気の浮《う》き沈《しず》みや、政府や地方自治体の指示による浮き沈みにもう翻弄《ほんろう》されることなく、自分でやれることはやる。考えつくことは考えつき、新しいものにシフトしたりして、「道を拓《ひら》ける者は拓く」ということです。

去年、一年前の五月の連休ごろは、店を開けていたら、もう秘密警察風にいろいろなところから密告されるので、路面店とかも店を開けているところは怖《こわ》がっていました。私が行っているようなところなども店は開けていましたが……。なぜか、私が行く店はコロナ禍《か》でも開けているところが多くて何か変だったのですけれども、やはり、「いやあ、怖いです」と言っていました。密告される。店を閉めているところから密告とか貼《は》り紙等をされるのです。「こんなご時世に店を開けているぞ」みたいなことで貼られるというので、すごく怖がっていました。

ただ、結果から見れば、開けられるところは開けるべきだったと思います。

さらに、考え方としては、こんなときだからこそ、お客さんには行き場所をつくらなければいけないところもありました。

児童公園へ行ったら、児童公園が使えないように、役所の人が来てテープの縄《なわ》を張り巡《めぐ》らせて、子供に使わせないようにしていたし、「買い物は、家族では行かないでくれ」とか「一人だけで、三日に一回にしてくれ」とか言っていました。

あとは公園とかも、入り口があるような公園、料金が取れるようなタイプやスタイルになっている公園はみんな、非常事態ならほとんどのときは休園してしまいます。

公園等は開けてあげないと、行くところがないのですけれども、それを閉めてしまう。そういう門がないようなところは開《あ》いているところもありましたが。ということで、非常に、健康状態も悪く、精神状態も悪く、そして外から食べ物を取り寄せて、自転車で運ばせて、なかで食べるだけ。ゲームだけをやっているとか、テレビでコロナの感染《かんせん》の番組ばかりを観《み》ているとか、こんなことが起きている。唯一《ゆいいつ》いいと思うのは、少し、本を読む層が増えたということです。これはいいことかと思っています。

とにかく、こんな時代が、ちょっと緩《ゆる》んだり厳しくなったりを繰《く》り返しながら、まだ続くと見ていますので、どうか強くあっていただきたいし、粘《ねば》り強くあっていただきたい。粘り強くないと駄目《だめ》で、すぐに心が折れるということや、すぐに仕事のやる気がなくなって投げ出すようなことは、なるべく避《さ》けられたほうがいい。「石にかじりついてでも生き延びる」という、サバイバルが必要な時期です。

酒屋さんの酒づくりのところとかで酒がつくれなくなったところは、今、消毒液をつくるのに変えたりして生き残っているところもありますが、それも一つの知恵《ちえ》でしょう。そういうふうにやらなければいけないと思うし、できるだけ、「どうすれば生き残れるか」と、考えられることは考えていただきたい。

それから、消費経済だけで戻《もど》ることはなく、しばらく厳しい状態が続きます。飛行機も新幹線も、もう使えない、タクシーも使えないみたいな時代でしたら、もはや厳しい状態になります。

ありえることは、もちろん、「地方自治型」のほうがちょっと進んでいくことでしょう。これは、もしかしたら、結果的にいいことも少しあるかもしれないし、テレワークが促進《そくしん》することにもなるかもしれません。

とにかく、知恵を絞《しぼ》って、今まで「これさえやれば儲《もう》かる」と思っていたようなものの考え方をちょっと改めて、何か新しいものを追加するなり結合させるなりして、「価値の創造」をしなければ生き残れないと思っていただきたい。

今までこの世になかったものをつくり出す。それもいろいろな規制のなかをかいくぐって、どうやってつくり出すか。これができたところだけが生き残り、さらに発展することができるということです。

また、「異種のアイデアの結合」は非常に大事です。

例えば、当会であれば、エンタメも含《ふく》めた映画もつくってはいますが、同時に、そのなかで仏法真理《ぶっぽうしんり》を入れて勉強になるようにしています。読書の代わりになるように、あるいは研修の代わりになるような内容まで入れています。そこまでいけば、異種結合になっていると思います。

当会の映画には歌も入っています。歌を聴《き》いてみると、『正心法語《しょうしんほうご》』（幸福の科学の根本経典《こんぽんきょうてん》）の代わりのお経《きょう》もだいぶ入っています。こういう歌のかたちで仏法真理を伝えようとしているわけです。これも異種の結合で、「新しい価値」を生んでいるわけです。

そういうことも、どうか知ってほしいと思います。

今、必要な「新しい経済学」とは

企業《きぎょう》として生き残る場合は、普通《ふつう》の物売り、商品を売るとか、単なるサービスを売るとか、人手の力を売るとかというだけでなくて、表立ってそれをストレートに出すかどうかは別として、仏法真理のなかに入っているもののなかで、自分のところの仕事に使えるものがあれば、これを取り込《こ》んで提供するということが大事だろうと思います。

消費経済、これもありますけれども、出るとは思いますが、それをあまり期待しないでください。金を貯《た》める。みんな補助金をもらっても貯めるのですが、それは本能としてはしかたがないことです。次は貯めたものを〝吐《は》き出させよう〟として、「貯蓄税《ちょちくぜい》」をかけてくるとは思いますけれども、最終的に、人は象ではないので象使いに動かされるような感じにはならない。

ですから、政府は全体の経済をコントロールできないと、私は思っていますので、いろいろな混乱を、今後、経験することになるでしょう。

今やるべきは、やはり「つくり出すこと」です。「新しいものをつくり出す」ということに、みんな頭を巡らせてください。今まで世の中にないものを、そして、すでにあるものであれば、それを結合させて、より仏国土《ぶっこくど》ユートピア建設につながるものをつくり出すこと。そして、信仰心《しんこうしん》を打ち立てることによって、新しい「信頼《しんらい》の経済学」をつくる必要がある。

今は、「人間を見たら黴菌《ばいきん》と思え」ということですから、「人が近寄ればもう病気がうつる」というふうな時代になっているのです。今、生き残っているのは、これは、「人間不信の経済学」です。これではやっていられない。

人が信仰心の下《もと》にお互《たが》いを愛するためには、〝バイキンマンの経済学〟では絶対に駄目なので、これを乗り越《こ》えなければいけないというふうに思っています。

私が言っているように、いちおう、ウィルスも「憑依《ひょうい》」とまったく同じ原理を使っているのです。風邪《かぜ》が流行《はや》ったとしても、風邪に罹《かか》る人と罹らない人はいるでしょう。インフルエンザが流行っても、罹る人と罹らない人がいるのです。同じです。菌はもうウヨウヨしているのです。

本当は、ワクチンを打たなくても、菌はもうみんなほぼ持っています。全員罹っています。しかし、罹っても発症《はっしょう》しない人は発症しないのです。あるいは、もしうつったとしても、風邪みたいに二、三日ぐらいで熱が引いて治る人は治るのです。治る人は治る。それから、死ぬ人は死ぬ。

ただ、実を言うと、トータルで死ぬ人数は減っているのです。あまりに厳しい巣ごもりのために、事故が減り、殺人が減り、病気が減って、今度は、肺炎《はいえん》とか、ほかの病気で死ぬ人が減っているので、トータルでは死ぬ人は減っている面もあるのです。もうあまり考えてもバカバカしいので、考えすぎる必要はないと思います。

「人間不信の経済学」にならない方向に持っていく必要があります。「信仰心に基《もと》づく神の子の経済学」であるべきだし、そうした真理価値を含んだ経済活動を増幅《ぞうふく》していく、増大していくというスタイルでなければ駄目です。

こんな、コロナでみんなが困って、家に籠《こ》もって本を読んでいるときは、例えば、当会の本とかを読むことができるチャンスであるのです。「七割、自宅にいろ」などと言っている、あるいは「八割、自宅にいろ」などと言ったら、本でも読まなければいけないのに、感染者の数ばかりを見ていたら、やはり駄目です。

そういうときに仏法真理の勉強でもしておけば、未来は開けるのです。

いつも幸福の科学出版には文句《もんく》を言って申し訳ないとは思いつつも、「こんなときは、あなた、五倍、十倍売れるときだぞ」と、やはり言いたい。「それが分からないようでは駄目だな」と。「ほかの本を読んでも治らないよ。免疫《めんえき》もつかないよ。こちらはご利益《りやく》あるよ」。もう現世利益《げんせりやく》しか分からない人には、そう言うしかないのです。

最終的に「人間嫌《ぎら》いの経済学」など成り立ちはしないのだから、ここを乗り越えなければいけないと思います。

（『人の温《ぬく》もりの経済学』と『コロナ不況《ふきょう》下のサバイバル術』を手に持って掲《かか》げながら）これは幾《いく》ら売れたのでしょう。でも、おそらくは、会員数は売れていないと思いますし、三帰《さんき》信者の数も売れていないと思います。一家で一冊買って回し読みというところであろうとは思います。外にはちょっとは売れていますが、必要なところまでは届いていないだろうと思うのです。

ここでキチッと差別化して、「これは、本としては全然違《ちが》うものだ」ということを知ってもらう必要はあると思うし、それを言うことができないということは、伝道力の不足だし、ＰＲ能力の不足だし、人間としての智慧《ちえ》の不足だというふうに思います。

そういうことが総論的に言えることです。

第3章

コロナ不《ふ》況《きょう》に
どう立ち向かうかQ&A

二〇二一年六月八日

東京都・幸福の科学総合本部にて

1　コロナ不況下《ふきょう》での投資判断の基準について

【質問】「コロナ不況下《ふきょう》、まだまだこれは本格化していくなかで、強靱《きょうじん》さと、新しいものを生み出していくことが大切である」ということ、そして、「何よりも信仰心《しんこうしん》を打ち立てて、信頼《しんらい》の経済学を復活させていかなければいけない」ということを教えていただきまして、本当にありがとうございます。

全国の、経営者のみなさまのお声をもとに、一つ、具体的な質問をさせていただければと思います。

このような見通しのなかで、「ピンチをチャンスに変えていく」という意味では、「いかにして、自ら《みずか》の手金《てがね》、お金を使っていくべきであるのか」を考えなくてはなりませんが、一方では、耐久力《たいきゅうりょく》というものを維持《いじ》する意味でも、「ダム経営」ということが大切だと思います。

この両者のバランスといいましょうか、「お金の使い方」あるいは「投資判断の基準」につきましては、通常の不況期とは違《ちが》うものがあるのではないかと思っております。

そのあたりについて、お教えいただければ幸いです。

「プラスを増やしてマイナスを減らす」が基本原則

大川隆法　はい。基本は、防衛が大事ですから、普通《ふつう》の給料であれ、ボーナスであれ、あるいは会社の利益《りえき》であれ、手堅《てがた》く、蓄《たくわ》えるものは蓄えて、無駄《むだ》な経費を使わない努力をすることです。

「プラスを増やしてマイナスを減らす」というのは基本原則なのです。個人においても企業《きぎょう》においても、基本原則は一緒《いっしょ》です。それについては間違いがありません。

ただ、こういう乱気流の時代は、〝チャンスが生まれる時代〟であることも事実であるのです。今まで、正当な、順風の時代には、大きいところ、強いところが必ず勝つのが普通です。しかし、これからは、そうでないことが起きる時代であり、気流が変わってくる、あるいは水の流れが変わってくる時代に入ってくるので、大手といわれるところが撤退《てったい》を余儀《よぎ》なくされるようなことがあり、小さいところに実はチャンスが出てくるときもあると思います。

今、例えば宗教界は、神社もお寺もキリスト教会も、その他、新宗教も、どこも苦戦です。要するに、人が集まれないからです。これは、宗教にとっての最大の弱点です。「人が集まらない。集まって何かができない」ということだし、在《ざい》家《け》の人たちのお布施《ふせ》に頼《たよ》っているところがほとんどですから、そこがみんな傾《かたむ》いていて、「金がない」という状況です。

ですから、宗教界も今どんどん縮んでいます。公称《こうしょう》人数も、どんどんどんどん減っていっています。ものすごく減ってきておりますので、実態はもっと小さいぐらいまで減っていると思います。

そのなかで、何とか踏《ふ》みとどまって戦っているとは思うのです。

投資をする際の注意点とは

投資に関してですけれども、「ダム型経営」「ダム経営」を勧《すす》めてきたので、当会の大黒天《だいこくてん》企業というか、応援《おうえん》してくださっている企業群の財務内容を、以前、見せてもらったところ、「一般《いっぱん》の企業に比べたら体質がいい」ということはありました。

借金が比較《ひかく》的少なめで利益率が高く、内部留保を厚めに取っている企業が多いので、こんな時代には間違いなく強いだろうと思います。

ただ、単に逃《に》げているばかりでは、どうしようもありません。今まで、みんなが同じような競争をしているなかでは、とても勝てなかったようなもののなかで、チャンスが出てくることがあると思うので、実は、バブルでなければ「投資の時代」でもあるのです。お金を持っているところは「投資する時代」でもあると思います。

金利が、今、短期・長期ともこんなに安いときに、投資ができないでいるのだけれども、もし、自分のところの商品なりサービスなりに、未来性で可能性のあるものがあるならば、潰《つぶ》れない範囲《はんい》内で一定の投資をしていくことも大事です。

私は借金してまでやりたいとは思っていませんが、企業のみなさまがたが借金を一切《いっさい》しなければ、銀行は全部潰れますので、それもよろしくないことではあると思うのです。返せる範囲内での借金で「投資効果が大きい」と思うものに、お金を使う必要はあると思います。

いつも言っていますけれども、借金が売上の三割を超《こ》えたら、異常事態が来たときには倒産《とうさん》するのが普通ではあるので、三割ラインを超えてはいけないのです。

黒字体質で経営しているところであれば、投資の可能性は、だいたい三分の一ぐらいでしょうか。もし会社で百億円の内部留保があるとしたら、三十億か三十三億ぐらいまでであれば、将来的に発展するために、チャンスがあると見たら投資してもいいのではないかと思うけれども、半分を超えるような投資は、やはり、するべきではないと思います。

それから、内部留保はそこまではないけれども、借金をしなければ大きくならないような企業もあるだろうと思います。これは、本当に、心を透明《とうめい》にし、神仏に願掛《がんか》けをして、やるべきでしょう。

十五兆も十六兆も銀行から借金しながら、「何兆円の利益があがった」と言っているところもあります。

今はそういうことができる時期ですが、先行きには、やはり怖《こわ》さはあります。一手、外したら、赤字に転落し、ものすごい赤字になって、銀行まで引き倒《たお》すぐらいの倒産を起こす可能性があるので、実に怖いところはあると私は思います。

今後の十年は〝第二のバブル潰《つぶ》し〟がやって来る?

先ほど「強靱な経営をやらなければいけない」とも言いましたが、もう一つ、今来ているのは〝第二のバブル潰《つぶ》し〟だと思ってください。そう思っておくと、いちばん間違いが少ないのです。

「もう経済成長は止まった」と思っていたけれども、「現実にはバブルはたくさんあるのだ」ということです。高度成長期のようではないかもしれないけれども、やはり、「要《い》らないものは、まだまだ、たくさんあったのだ」ということを、今、試《ため》されているのです。

「社員の七割、八割が、会社ではなく自宅にいてもいい」という企業は、どれほどバブルの仕事をやっているのでしょうか。本当は、〝最大のバブル〟は役所でしょう。都庁は、今、仕事が増えて喜んでいることでしょうけれども、「こういうときのために、たくさん人を持っていた」ということでしょう。

これは〝バブル潰し〟です。もう、これから十年は、「バブル潰しの時代を生きながら、そこで経済成長を目指す」ということだと思ってください。「不要なものは淘汰《とうた》される。不要なだけでなくて、政策や法律によって淘汰される場合もありえる」ということです。

ですから、今度は、「大きい」ということが「強い」ことにならなくて、大きいことが〝狙《ねら》い撃《う》ち〟されることもあります。大型店舗《てんぽ》では、入っている映画館とかが最近まで開《ひら》けなくて、当会も映画で迷惑《めいわく》を受けましたけれども、大きいところは使えなくて、小さいところはいいのです。

でも、小さいところのほうが衛生状態がいいかといったら、そんなことは必ずしも言えないのです。大きいところのほうが、人との間隔《かんかく》が取れて感染《かんせん》しにくいことだってあるわけで、役所の基準なんて、いいかげんなものです。

ですから、「バブルが潰れる時代、バブルを潰そうとする政治圧力がかかる時代を生きなければいけないのだ」ということを考えながら生きなくてはいけません。

九〇年代に起きたバブル潰しでは、政府およびマスコミがワアワア言ってバブル潰しをやりました。

「バブルはいかんのだ。土地の値段は高すぎるのだ。株価が高すぎるのだ。潰せ、潰せ、潰せ」と一斉《いっせい》に大号令をかけて潰しまくり、二〇〇〇年代から〝ヨタヨタ経済〟がずっと続いてきましたけれども、「このなかに、さらにバブルがある」ということです。

都知事の目から見れば、都庁の裏にある歌舞伎町《かぶきちょう》の繁華街《はんかがい》は全部バブルに見えて、本音ではぶっ潰したいでしょう。たぶん嫌《きら》いなのでしょうけれども、あのなかには最貧《さいひん》女子もいて、本当にいちばん貧しい人たちがいます。

昔の東北で女の子を売り飛ばしていたことにほぼ近いようなものとかがあり、外国から売り飛ばされてきたような人までいて、最貧経済まであるのですが、こんなところまで潰そうとしているのです。この人たちはどうなるのでしょうか。

あるいは、外国から来ている人たちで、これから追い返されようとする人たちもたくさん出てきますけれども、このへんも大変なことではありましょう。

ですから、基本的な考え方としては、「バブル潰しの時代、バブル崩壊《ほうかい》の時代のように、政府や自治体がバブルを潰そうとしているのだ。一定の価値判断というか、方向性はあるけれども、この感染、ウィルスというのを使いながら、バブル潰しをやろうとしているのだ」ということを考えながら、「どうやって、そこに生き筋《すじ》を見いだすか」ということを考えなくてはなりません。

バブル期にはバブル崩壊が起きますけれども、不況期には、松下幸之助《まつしたこうのすけ》さんが言っているとおり、強いところはますます強くなるのです。「不況期だからこそ、投資ができて大きくなれるところもある」と言っています。ですから、「不況期には体力差がはっきりし、本当に強いところと弱いところがはっきり分かれてくる」ということです。

バブルのように、外国人がたくさん何百万、何千万と押《お》しかけてきて、景気がよかったように見えていたものが、一瞬《いっしゅん》にして今消え去っています。戦争が始まっても同じことが起きます。

ですから、「そうでない、底堅い経済をつくらなくてはいけない」ということです。

そして、投資判断においては、「『バブル崩壊時だったら、自分は投資するか。幾《いく》らするか』という考え方で判断してください」というふうに答えてください。

2 海外で長く不安を抱《かか》えている人へのメッセージ

【質問】 国際本部から一つ質問させていただきます。

先月、「コロナ変異株感染《かんせん》防止祈願《きがん》」と「コロナ・ワクチン副反応抑《よく》止《し》祈願」という二つの祈願を頂きました。海外で、変異株と「ワクチンを強制的に打つ」とかということで苦しんでいる方々が、それで安心され、今、全世界で受けております。

さらに、総裁先生から、インド、ブラジルに関し、「心を痛めています」というお言葉を賜《たまわ》り、その御心《みこころ》を伝えさせていただきましたところ、現地信者も、泣いて、伝道に今励《はげ》んでいるところです。

ただ、海外を見渡《みわた》しますと、ロックダウンが解除されたと思えば、またロックダウンになったところもあり、一年以上ロックダウンが続いている国もございまして、メンタル的にも「どうしたらいいか」ということで、不安がこの先も続くのであれば、何か心構え等を指し示す必要があります。

海外の状況《じょうきょう》には、いろいろなレベルがあるのですけれども、長く不安を抱《かか》えている人、「これからまた続くのではないか」ということで希望が見いだせない人、こういった海外信者に対しまして、何か心構え等をお教えいただけましたら幸いです。

インドやブラジルは、もう少し合理的な考え方を

大川隆法　インドとブラジルでコロナが流行《はや》っていることに対しては、心を痛め

ています。当会としても信者を広げたいところであるので。ただ、見放していませんから。「インドやブラジルが発展しなかったら、誰《だれ》が中国を止められるか」というところです。このあたりが、やはり次の強国になって、仏法真理《ぶっぽうしんり》を打ち立てる強国にならなければいけないと思います。

その前の混乱はあるかもしれません。インドの場合、信仰心《しんこうしん》は深いですけれども、多神教のなかには、「さすがに、ちょっと整理したほうがよろしいのではないか」と思う信仰はだいぶあります。これについては、そのままでは、もう、インドが近現代化、未来化していくには障害があるのではないかと思います。

ですから、「彼らにとっての未来型宗教とは何か」ということで（信仰形態を）絞《しぼ》らせて、やはり、信仰的には欧米《おうべい》の価値観に近づけなければいけないと思います。古い宗教で彼らの足を縛《しば》っているようなものがあれば、それについては、いちおう、もう少し合理的な考え方をすべきだと思うのです。

例えば、「ガンジス河は聖なる河だから、一メートル流れたら、すべてが浄化《じょうか》される」というのは、どう考えても嘘《うそ》です。ですから、「上流のほうで死体を焼いて灰にして流しているのに、そこで顔を洗ったり歯を磨《みが》いたりするのは、やめなさい」ということです。

これは、信仰を否定しているわけでも何でもないのです。考え方がただ〝原始的〟なだけなので、「それはないでしょう。いや、流してもいいけれども、人がいない所で流してください」ということです。

それから、どこへでもこの灰を流したりするから、大きな魚がたくさん泳いでいても、「いやあ、これは、おじいさんが生まれ変わったかもしれないし、おばあさんが生まれ変わったかも分からない」と言い、食料難なのに、「この魚は食べられない」とか言っているのですが、「どこにでも、そういうふうに灰を流すな」ということです。

「生き物が食べられない」とか言っているけれども、食料難だったら、そんなことを言っていてはいけないところもありますので、きちんと食料を確保すべきです。

私が二週間ほどインド伝道に行ったときにも、カレーばかり食べるので、けっこう参りました。食べていいのはタンドリーチキンだけで、あとは豆だとか野菜だとかが違《ちが》い、「これは違うカレーだ」と言うのだけれども、「これは違うカレー」と言われても、「カレーはカレーではないか」と思うところはあったのです。

それには、やはり、けっこう厳しいものがあるので、さすがに、宗教的価値観のところで〝洗い替《が》え〟をすべき時期だと思います。目茶苦茶《めちゃくちゃ》になるかもしれないけれども、一回、これの〝洗い替え〟をし、きちんと未来型宗教に考え方を統合していくべきです。

ヒンズー教と称《しょう》する多神教も、やはり、幸福の科学が出てからあとは、もうこちらのほうに吸収されて、根本的に洗い替えられるべきなのです。

象の神様や猿《さる》の神様がたくさんいても、それを認めないわけではないのです。そういうのはありますけれども、「あなたがたの未来とは関係はあまりないのです」ということです。「きちんと価値判断を欧米型に近づけていくこと」が大事です。

ブラジルは、反米だからちょっと難しいところはあります。反米でもいいけれども、親日なら、きちんと世界的に通用するような価値観を持てるようなものに変えていきたいと思います。

貧富《ひんぷ》の差は確かにあって、スラム街《がい》もあるようなところとか、衛生状態の悪いところとか、これについては、やるべきことを合理的にやっていかないといけないところもあるでしょう。

これから〝新しいヒットラー〟が現れてくる？

コロナの流行は続きはしますけれども、実際には、コロナ自体よりも、コロナで怯《おび》えることのほうが怖《こわ》いというか、怯えることで萎縮《いしゅく》し、いろいろなものが、判断ミスをしたり、やる気がなくなったりすることのほうが、むしろ恐《おそ》ろしいというふうに私は思っています。

これは、昔話で言う、死神の話のようなものです。

例えば、スペイン風邪《かぜ》ならスペイン風邪が流行ったときに、神様が死神に対して、「おまえのおかげで、世界で何億人も死んだじゃないか！」という感じのことを言われたら、死神は、「いいえ、私はそんなに殺しておりません。私が殺したのはもうちょっと少ない人数で、一千万人ぐらいです。あとは〝恐怖《きょうふ》〟で死にました」とか答えるような話があるのです。

この話には別のバージョンもいろいろあるのですが、実際、そういうところはあります。マスコミが声高《こわだか》に叫《さけ》んでくれるおかげで、すべてが萎縮し、倒産者《とうさんしゃ》、自殺者がたくさん出てきています。

また、病院は儲《もう》かっているものだと思っていたら、病院も儲かっているわけではなくて、医者になる人も看護師になる人も、もう嫌《いや》がり始めて、〝逃《に》げ出し〟にかかっています。さらには、ウィルスでいっぱいだから一般患者《いっぱんかんじゃ》が来なくなって、〝儲かる病気〟の人が入院してくれないようになり、採算が悪くて赤字になっているということのようです。

「ああ、病院は儲かっていなかったのか」というのは不思議な現象ですけれども、「賑《にぎ》わっているけれども、儲かってはいない」ということです。

ただ、考え方、価値観を変えるチャンスではあるので、それを一つやるべきかなとは思います。

近現代的な考え方として、ちょっと迷信《めいしん》が強すぎて合理的な考え方をまったく入れられないというところは、ちゃんと入れるべきだと思うし、合理的な考えが行きすぎて、今度は無神論、唯物論《ゆいぶつろん》になって、人間の「人権」のほうが失われてしまってきているところに対しては、逆に信仰心を打ち立てなければいけません。

例えば、中国や、その傘下《さんか》に入ろうとするところはそうです。アメリカだって、もしかしたら、今の政権は、最後は無神論の共産主義に陥《おちい》る可能性があることはあるので、これについてはウオッチして、危ないと見たら（月刊「ザ・リバティ」による）〝リバティ砲《ほう》〟を撃《う》たなければいけないわけです。ボーンと撃ち込《こ》まないといけません。「こら！　共産主義になってどうする！　中国と戦っているうちに、一緒《いっしょ》の共産主義になってどうする！」と言わなければいけないところです。

やはり、政治というのは「自由の創設」です。人々を自由にするものでなければいけないのであって、自由を束縛《そくばく》するものは、本当に緊急避難《きんきゅうひなん》的に起きることはあるかもしれないけれども、これが常態化したときは、間違いがほとんどであるのです。

今、〝新しいヒットラー〟がいくらでも出てこられる状態になろうとしているので、怖いのです。とても怖いのです。香港《ホンコン》の状態などを世界が知っていて何も手が出せないというようなことは、これは「恐ろしい時代が来ている」ということなので、やはり、思想戦として、価値観として、宗教として、戦わなければいけません。

そういう唯物論、無神論の科学主義の国が、後《おく》れた宗教をやっている国よりも進んでいて、はるかに人類のためになるというふうな宣伝をしているわけです。国民はすでに洗脳していますけれども。

これに対する打ち返しとして、信仰深いところは、「信仰の中身」を進化させるために努力をしていったほうがいいと思います。ブードゥー教みたいなものを国教にしているようなところもありますから、そういったところも、ちょっと近代化しなければいけないと思っています。

あとは、「イスラム 対 イスラエル」のところも、最終解決まで何とか持っていきたいとは思っておりますけれども、もっと大きいものが今ちょっと出ているから、こちらが先だとは思いますが。

とにかく、同時並行《へいこう》ですが、「唯物論、無神論、科学による人類洗脳化計画、侵略《しんりゃく》計画」のようなことは、断固阻止《そし》、粉砕《ふんさい》しなければいけないけれども、同時に、後れすぎていて近代化が阻《はば》まれているところは、やはり直していく必要があると考えています。

「自由の擁護《ようご》」と「チャンスの平等」のバランス

世界の富を全部平準化して均《なら》すことは、不可能です。七十八億の人を同じ所得にしても、それは一瞬《いっしゅん》できても、一年後には一緒にはなりませんから、しかたがないのです。「自由」を求めれば、能力の差や努力の差は出てきます。

ただ、常に「チャンスの平等」を与《あた》えるような努力は要《い》ります。

ハーバード大学で有名なマイケル・サンデル教授も、『能力主義は正しいか』（原題『The《ザ》 Tyranny《ティラニー》 of《オブ》 Merit《メリット》: What's《ワッツ》 Become《ビカム》 of《オブ》 the《ザ》 Common《コモン》 Good《グッド》?』）というような本を、二〇二〇年の終わりぐらいに出していたと思います。そこには、「ハーバードの学生や卒業生などをいろいろ調べてみたら、彼らのほとんどが、自分たちは勤勉さと能力によってハーバードに入って、道を拓《ひら》いたと、そう信じている。だけれども、現実は、ハーバードに入っている人は、所得階層上位五分の一の人がほとんどである」というようなことを書いていて、「これは正しいのか。この能力主義が正しいのか。本当は能力主義ではないのではないか」という問いかけをしています。やはり、恵《めぐ》まれている人たちが、「自分たちは能力があったために偉《えら》くなれたんだ」と思っているかもしれないけれども、実際は違うのではないかという問いかけがあります。

これに対しては、確かに、共産主義を取るわけではないけれども、「チャンスの平等」をつくる努力は、同時にしなければいけない。自由を擁護《ようご》する者は、同時に「チャンスの平等」をつくり出していく努力はしなければいけない。

その意味では、例えば、黒人差別とかいうようなものも、この差別が「チャンスの平等」を阻害するものなら、それは改めなければいけないし、男女差別だって、「チャンスの平等」を潰《つぶ》しているなら、改めていくべきだとは思います。

もちろん、この流れのなかには、ちょっと異端《いたん》の流れもあるから、全部は肯定《こうてい》できません。全部を崩《くず》していくことが、左翼《さよく》的で、人権擁護だというなら、間違いだと思っています。

LGBTの〝行きすぎ〟に対する警告

今の札幌《さっぽろ》地裁的な「憲法十四条の平等原則から見たら、男女だけが結婚《けっこん》できるというのはおかしい。男と男、女と女も結婚できて、それこそが平等だ」という考えは、憲法解釈《かいしゃく》上、やはり誤っていると、私は思っています。ついに裁判官もこのくらいまで〝イカれてきたか〟と思ってはいるのです。

人間としての生存の権利とか行動の自由は、あることはあります。ただ、やはり、大枠《おおわく》で、公《おおやけ》の組織や文化等が次世代につなげていけるような価値観をなるべく護《まも》るように努力するのが、制度を護っている者たちの使命だと思うのです。

例外がないものはないので、例外はあってもいい。それを虐殺《ぎゃくさつ》するとか、異常を主流のものの考え方を弾圧《だんあつ》下に置くとかいうことは間違いではあるけれども、主流のものの考え方をしている人を、むしろ異端みたいに扱《あつか》うような考え方が、〝リベラルでかっこいい〟というような考え方は、基本的には間違っていると、私は思っているのです。「そういう種をまけば、結果はどういうふうになるのか」ということまで考えた上で言ったほうがいいと思います。

ＬＧＢＴについても、しばらく意見は保留しておりましたけれども、どうも先行きはよろしくないという考え方が出てきているし、「心は女だけれども体が男だ」という主張をする人のなかにも、そういう人もいるかもしれないものの、やはり、虚偽《きょぎ》、嘘とか、あるいは単なる変態趣味《しゅみ》まで入っているので、そこまで擁護しなければいけない理由はないと思います。

例えば、最近出ていた判例でも、高裁で引っ繰《く》り返ったものとかがあったと思います。これは、ある省の職員でしたか、健康上の理由により、男性器を外科《げか》手術して女転《じょてん》するということはしていないけれども、女性の格好をして女性のように振《ふ》る舞《ま》いたい。しかし、自分が使用できる女子トイレの数を制限され、二階上に上がらないと、自分が使用できる女子トイレがないから不便だから、使用に関する制限を設《もう》けないでほしいというものです。

それは、女装して、いかにマニキュアを塗《ぬ》って、化粧《けしょう》をして、髪《かみ》を伸《の》ばして、スカートをはいていても、本人はその権利が欲《ほ》しいだろうけれども、ほかの女子にとっては、女子トイレに来られたら、やはり恐ろしいものです。「心は女性だから大丈夫《だいじょうぶ》だ」と言っていても、男性と一緒に並んで立ちションできる人であったら、「心は女性というのは本当か」と思うし、医者だって、これでは信用できないでしょう。そう言っているだけかも分からないわけです。

こうしたものには「強度の憑依《ひょうい》もある」と私は言っているけれども、それだけではなくて、「〝変態〟の場合もある」ことはあるので、〝変態〟でも人間だから擁護はされなければいけない部分はあるものの、やはり、一定以上のことをしたら許されないものもあるとは思います。

まあ、役所は女子トイレを各階につくるべきだろうとは思いますが、性転換《せいてんかん》をしていない男子が〝女装をして女子トイレに入る権利〟が、本当にどこまで保護されるのかと言われると、ちょっと厳しいし、世間《せけん》には全部、「男性」「女性」「中性」と三つつくらなければいけないというのも、これもまた不便なことであるのです。

したがって、「流れがこうだから」という空気、同調圧力によって、コロナと一緒のように押《お》されることはあるけれども、ちょっと考えて踏《ふ》みとどまって、おかしいと思うものについては、やはり、そんなにアクセルを踏んではいけません。ちょっと時間をかけて考えてみたほうがいいのではないかと思います。一時期の流行りで止まることもあるからです。

ですから、統計で出ているように、「十パーセントとか七パーセントの率で、男性と女性が心と体で別だ」とかいうのは、ちょっと私は信じられません。過去《かこ》世《ぜ》を見て、「男性だ」という女性でも、ちゃんと女らしくて、気《き》っ風《ぷ》のいい女性で、決断力もあって、仕事はできて、結婚をしても魅力《みりょく》的な人もいるし、男性で女性的だというような人は、そんな強い女性と結婚するとうまくいくようなものもあって、〝うまいことなっている〟のです。

そういう例外はたまにはあるため、それをいじめすぎてはいけないけれども、ただ、メインリーな権利として確立するのは、後世に憂《うれ》いを遺《のこ》すことにはなるのではないかと思うので、このへんについては、何でも流れに身を任せたらいいというわけではないということは言っておきたいのです。

先ほど言った、インドの「一メートル流れれば清潔になる」という考えのように、ずっと信じていたものを変えさせるのはちょっと力は要るかもしれないけれども、逆に、何か新しい潮流のなかでも異端のものはあるから、宗教というのは、そうしたものを止めるべきかなとも思っています。

なお、イギリスでも「心が女性だから」と女性用刑務所《けいむしょ》に収容された本来男性だった囚人《しゅうじん》が、二人の女性囚人をレイプした事件がありました。犯人が前科二犯で性犯罪にもかかわっていたことをもっと考慮《こうりょ》すべきでした。

バブル潰《つぶ》しの時代を戦い抜《ぬ》く強さを

それから、感染学者が言っていることが全部正しいわけではありません。

例えば、アルコールは全部禁止の飲食店もあり、ほとんどのお店は、お昼に行ってもアルコールは飲めないようになっています。アルコールがなくて、ノンアルコールのものばかり売っています。別に、私は酒を飲めるほうではないからどうでもいいのですけれども、酒を飲む人から見れば、「禁酒法の時代が来て大変で、密造酒がこれから出る」ころかもしれません。会社帰りに、路上で一人で飲んでいる人とかも増えてきて、おまわりさんが空《あ》き缶《かん》を片付けなければいけない時代に、今は入ってきていますので、やはり、本当かどうかという目は持ったほうがいいでしょう。彼らも万能《ばんのう》ではないのです。

やはり、私は、アルコールは一定の率でコロナウィルス等を殺す力があると思っています。それに、強い菌《きん》というのはそんなに多くはないので、言うとしたら、「低い度数のアルコールはあまり飲むな」と言うのはいいとは思うし、「飲むなら、マッチを擦《す》ったら火がつくような（アルコールの度数が高い）ものを飲め」と言って、そのようにすれば、たぶん菌は死にます。菌は死ぬので、消毒効果はあると思います。

ですから、昼間も出さないようにとか言っているけれども、ちょっとこれは違うのではないかなと思うのです。アルコールを飲むと、大声を出してしゃべったり、ワイワイ騒《さわ》いだり、マイクを握《にぎ》って歌いまくったりして、唾《つばき》が飛ぶというのがいけないというなら、それについては、多少、「もうちょっと粛々《しゅくしゅく》と飲んでください」と言うのはいいとは思うのですが、これもたぶん違っていると思います。どうせ、このまま通らないでしょうから、アルコール禁止でいくとは思いますけれども。

ただ、「医者とか学者だから全部が正しいわけではない」ということは知っておいてください。

逆に言えば、今度は唯物論者から見れば、当会に対して「『〝信仰ウィルス〟とかで殺せますよ』とか言って、そんな嘘を言うな！」などと言ったとしても、実際に死ぬことはあるのです。本当に死ぬのです。生きている人間を呪《のろ》い殺せるのだから、ウィルスぐらい殺せます。当然です。

それは、「まだ法力《ほうりき》を知らんな」というところで、人間の隠《かく》された能力というものをまだ知らないようであるから、「何なら、自分が持っているコロナウィルスをうつしてやろうか？」ということもできます。そういう法力だってあるのだから、「君にうつしてあげよう。唯物論者だから、数が減るほうがよろしい。えいっ！」と言ったら、本当にうつってしまうぐらいのことは起きます。

いろいろな考え方が錯綜《さくそう》しているので、何が正しいかは非常に難しいと思いますが、基本的には、仏法真理を護る者には、今、「戦いの時代」でもあるのだということを知ってほしい。

それから、『コロナ不況下のサバイバル術』や『人の温《ぬく》もりの経済学』などの本もいろいろ出されているけれども、もっと売れなければ駄目《だめ》なのです。ですから、申し訳ないのだけれども、今は本当に、もうくだらない本はいっぱい出さないでいいのです。

特定の出版社に影響《えいきょう》が出るかもしれないけれども、今年出ている芥川《あくたがわ》賞の受賞作に『推《お》し、燃《も》ゆ』というのがあります。これは、若い女の子が書いた本ですけれども、私が読んで全然分からないのです。前にもちょっと話したのですけれども、(長女の)咲也加《さやか》さんに半日読んでもらって解読してもらい、「何が言いたいのか教えてほしい」と言ったら、「こういうことらしい」と教えてもらって、「あぁ、そういうことが言いたかったのか」と分かったのです。分からない本がいちばん売れているとか言っているので、「ちょっと、みんなの頭はおかしいのではないか」と思うのです。

「暇潰《ひまつぶ》し」と〝頭を破壊《はかい》する〟ための時間潰しはほどほどにして、本当に必要なものをちゃんと読んでいただきたい。

本も読んでほしいし、歌だって、「私たちは音楽事業のプロじゃないから、そんなに売れなくてもいい。聴《き》かれなくてもいい」と思っているかもしれないけれども、当会から出している歌は、歌詞のなかに仏法真理を入れてあるので、これも全部戦っているのです。「THE THUNDER《ザ サンダー》―コロナウィルス撃退曲《げきたいきょく》―」だけではないのです。ほかの歌もみな入っているので、できるだけ多くの人に、「くだらない音楽を聴くのはやめて、こっちを聴いてください」と、やはり言わなければいけないのです。ジョン・レノンなども指導霊《しどうれい》で来ていますけれども、ジョン・レノンも言っています。「やはり、バブル潰しの時代なのだ」と。

要するに、ジョン・レノンから見て、「こんなのはくだらない」と思うようなものが、東京ドームだの、そんないろいろな大コンサート会場で、何万人も集めてキャーキャーやっているので、「こんなものは潰れてほしい」と、彼は言っているのです。「本物の音楽はよろしい。それで人が集まるのはいいけれども、こんな偽物《にせもの》というか、本当は値打ちのないものをあるように見せて、人を集めているのは時間の無駄、金の無駄、まったくの無駄だ。どうせなら、こういうバブル

CD「THE THUNDER―コロナウィルス撃退曲―」（作曲 大川隆法、編曲 水澤有一、発売・販売 幸福の科学出版）

は潰れてほしい」と、彼は言っています（『釈尊《しゃくそん》の未来予言』参照）。実にいいことです。

ですから、本当に人々のためになるようなものは広がってほしい。ただ、そんな無駄なものは、このバブル潰しのなかで流れ去っても別に構わないというぐらいの「強さ」は持っていたほうがいいと思います。

『釈尊の未来予言』（幸福の科学出版刊）

いくら言っても言い足りませんけれども、また折々に追加していきます。

あとがき

日本は今、独自のコロナ・パンデミック対抗薬を開発すると同時に、次の第二次生物化学兵器攻撃対策を立てておくことである。

また、中国のアジア覇権拡張主義は、共産主義革命というよりは、愛国主義ナチズムの登場だと考えるべきだし、北朝鮮の核兵器も二〇三〇年より前に廃棄《はいき》させることである。

悪魔の法治主義や、悪魔の世界一元管理などは絶対に阻止することである。悪魔の帝国への「内政干渉《ないせいかんしょう》」などは概念として成り立たず、人類としての救済《きゅうさい》の責《せき》務《む》があるのみである。香港・台湾は助けよ。万一《まんいつ》難民が出たら、日本は保護せよ。日本を核攻撃するという国に対しては、万全《ばんぜん》の備えをせよ。国防をおろそかにする国に、国民は納税の義務はない。

神仏を信じる国としての自覚を高めるべきである。

二〇二一年　七月二十日

幸福《こうふく》の科学《かがく》グループ創始者兼総裁《そうししゃけんそうさい》　大川隆法《おおかわりゅうほう》

『コロナ不況にどう立ち向かうか』関連書籍

『コロナ不況下のサバイバル術』（大川隆法 著　幸福の科学出版刊）
『人の温もりの経済学』（同右）
『米大統領選　バイデン候補とトランプ候補の守護霊インタビュー』（同右）
『バイデン守護霊の霊言』（同右）
『ミャンマーに平和は来るか——アウン・サン・スー・チー守護霊、
　ミン・アウン・フライン将軍守護霊、釈尊の霊言——』（同右）
『釈尊の未来予言』（同右）

コロナ不況《ふきょう》にどう立《た》ち向《む》かうか

2021年7月30日　初版第1刷

著　者　　大《おお》川《かわ》隆《りゅう》法《ほう》

発行所　幸福の科学出版株式会社
〒107-0052 東京都港区赤坂2丁目10番8号
TEL(03)5573-7700
https://www.irhpress.co.jp/

印刷・製本　株式会社 研文社

落丁・乱丁本はおとりかえいたします

ISBN978-4-8233-0281-7 C0030
帯 クレジット：時事，クレジット：AFP＝時事
装丁・イラスト・写真（上記・パブリックドメインを除く）©幸福の科学

大川隆法ベストセラーズ・コロナ不況に打ち克つために

人の温もりの経済学

アフターコロナのあるべき姿

世界の「自由」を護り、「経済」を再稼働させるために──。コロナ禍で蔓延する全体主義の危険性に警鐘を鳴らし、「知恵のある自助論」の必要性を説く。

1,650円

コロナ不況下のサバイバル術

恐怖ばかりを煽るメディア報道の危険性や問題点、今後の経済の見通し、心身両面から免疫力を高める方法など、コロナ危機を生き延びる武器となる一冊。

1,650円

大恐慌時代を生き抜く知恵

松下幸之助の霊言

政府に頼らず、自分の力でサバイバルせよ! 幾多の試練をくぐり抜けた経営の神様が、コロナ不況からあなたを護り、会社を護るための知恵を語る。

1,650円

P. F. ドラッカー「未来社会の指針を語る」

時代が要請する「危機のリーダー」とは? 世界恐慌も経験した「マネジメントの父」ドラッカーが語る、「日本再浮上への提言」と「世界を救う処方箋」。

1,650円

※表示価格は税込10%です。

大川隆法霊言シリーズ・危機の時代を生き抜く指針

R・A・ゴール 地球の未来を拓く言葉

今、人類の智慧と胆力が試されている──。コロナ変異種拡大の真相や、米中覇権争いの行方など、メシア資格を有する宇宙存在が人類の未来を指し示す。

1,540円

ヤイドロンの本心

コロナ禍で苦しむ人類への指針

アメリカの覇権が終焉を迎えたとき、次の時代をどう構想するか? 混沌と崩壊が加速する今の世界に対して、宇宙の守護神的存在からの緊急メッセージ。

1,540円

釈尊の未来予言

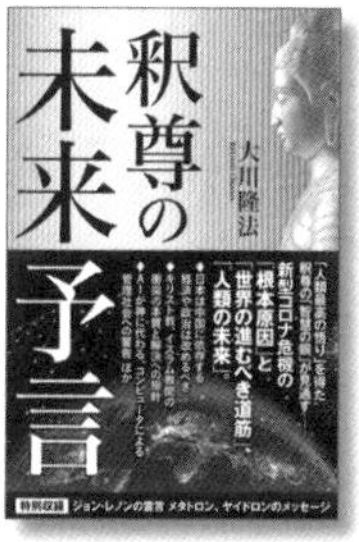

新型コロナ危機の今と、その先をどう読むか──。「アジアの光」と呼ばれた釈尊が、答えなき混沌の時代に、世界の進むべき道筋と人類の未来を指し示す。メタトロン、ヤイドロンの霊言も収録。

1,540円

天照大神よ、神罰は終わったか。

コロナ禍、経済不況、相次ぐ天災──。天照大神から全国民へ、危機の奥にある天意と日本の進むべき道が示される。〈付録〉菅義偉総理 就任直前の守護霊霊言

1,540円

大川隆法ベストセラーズ・政治・国のあり方を考える

新しき繁栄の時代へ

地球にゴールデン・エイジを実現せよ

アメリカとイランの対立、中国と香港・台湾の激突、地球温暖化問題、国家社会主義化する日本――。混沌化する国際情勢のなかで、世界のあるべき姿を示す。

1,650円

イエス　ヤイドロン トス神の霊言

神々の考える現代的正義

香港デモに正義はあるのか。LGBTの問題点とは。地球温暖化は人類の危機なのか。中東問題の解決に向けて。神々の語る「正義」と「未来」が人類に示される。

1,540円

ミャンマーに平和は来るか

アウン・サン・スー・チー守護霊、ミン・アウン・フライン将軍守護霊、釈尊の霊言

軍事クーデターは、中国によるアジア支配の序章にすぎない――。関係者たちへの守護霊インタビューと釈尊の霊言により、対立の本質と解決への道筋を探る。

1,540円

CO_2排出削減は正しいか

なぜ、グレタは怒っているのか?

英語霊言 英日対訳

国連で「怒りのスピーチ」をした16歳の少女の主張は、本当に正しいのか？　グレタ氏に影響を与える霊存在や、気候変動とCO_2の因果関係などが明らかに。

1,540円

※表示価格は税込10%です。

大川隆法霊言シリーズ・世界情勢を読む

習近平思考の今

米大統領選でのバイデン氏当選後、習近平主席の考え方はどう変化したのか？　中国の覇権拡大の裏にある「闇の宇宙存在」と世界侵略のシナリオが明らかに。

1,540円

トランプは死せず

復活への信念

戦いはまだ終わらない——。退任後も世界正義実現への強い意志を持ち続けるトランプ氏の守護霊が、復活への構想や、リーダー国家・アメリカの使命を語る。

1,540円

バイデン守護霊の霊言

大統領就任直前の本心を語る

繁栄か、没落か？　アメリカ国民の選択は、はたして正しかったのか？　内政から外交まで、新大統領バイデン氏の本心に迫るスピリチュアル・インタビュー。

1,540円

北朝鮮から見た国際情勢

金正恩の守護霊霊言

バイデン政権誕生に国家存亡の危機を感じている金正恩氏守護霊が、中国の脅威と日本への期待を語る。また、ロシアを指導する宇宙人との通信を特別収録。

1,540円

大川隆法シリーズ・**最新刊**

エル・カンターレ 人生の疑問・悩みに答える 発展・繁栄を実現する指針

シリーズ第5弾

信仰と発展・繁栄は両立する――。「仕事」を通じて人生を輝かせる24のQ＆A。進化・発展していく現代社会における神仏の心、未来への指針が示される。

1,760円

青春詩集 愛のあとさき

若き日の著者が「心の軌跡」を綴った「青春詩集」。みずみずしい感性による「永遠の美の世界」がここに。詩篇「主なる神を讃える歌」を新たに特別追加！

1,760円

武内宿禰《たけのうちのすくね》の霊言

日本超古代文明の「神・信仰・国家」とは

超古代に存在した「天御祖神《あめのみおやがみ》文明」は世界に影響を与えていた！ 歴史から失われた「富士王朝」の真相を明かし、「日本文明三万年説」を提言する衝撃の書。

1,540円

「知の巨人」のその後 ―世界は虚無だったか―

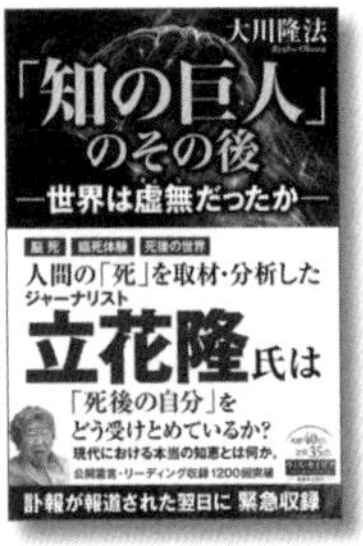

「知の巨人」は単なる「知の虚人」だった――。人間の「死」を取材・分析した立花隆氏の「死後の迷い」が示す、現代の学問やジャーナリズムの誤りとは。

1,540円

※表示価格は税込10%です。

幸福の科学グループのご案内

宗教、教育、政治、出版などの活動を通じて、地球的ユートピアの実現を目指しています。

幸福の科学

一九八六年に立宗。信仰の対象は、地球系霊団の最高大霊、主エル・カンターレ。世界百六十カ国以上の国々に信者を持ち、全人類救済という尊い使命のもと、信者は、「愛」と「悟り」と「ユートピア建設」の教えの実践、伝道に励んでいます。

（二〇二一年七月現在）

愛

幸福の科学の「愛」とは、与える愛です。これは、仏教の慈悲《じひ》や布施《ふせ》の精神と同じことです。信者は、仏法真理をお伝えすることを通して、多くの方に幸福な人生を送っていただくための活動に励んでいます。

悟り

「悟り」とは、自らが仏の子であることを知るということです。教学《きょうがく》や精神統一によって心を磨き、智慧《ちえ》を得て悩みを解決すると共に、天使・菩薩《ぼさつ》の境地を目指し、より多くの人を救える力を身につけていきます。

ユートピア建設

私たち人間は、地上に理想世界を建設するという尊い使命を持って生まれてきています。社会の悪を押しとどめ、善を推し進めるために、信者はさまざまな活動に積極的に参加しています。

国内外の世界で貧困や災害、心の病で苦しんでいる人々に対しては、現地メンバーや支援団体と連携して、物心両面にわたり、あらゆる手段で手を差し伸べています。

年間約２万人の自殺者を減らすため、全国各地で街頭キャンペーンを展開しています。

公式サイト **www.withyou-hs.net**

自殺防止相談窓口

受付時間　火～土:10～18時（祝日を含む）

TEL **03-5573-7707** メール **withyou-hs@happy-science.org**

ヘレン・ケラーを理想として活動する、ハンディキャップを持つ方とボランティアの会です。視聴覚障害者、肢体不自由な方々に仏法真理を学んでいただくための、さまざまなサポートをしています。

公式サイト **www.helen-hs.net**

入会のご案内

幸福の科学では、大川隆法総裁が説く仏法真理《ぶっぽうしんり》をもとに、「どうすれば幸福になれるのか、また、他の人を幸福にできるのか」を学び、実践しています。

入会

仏法真理を学んでみたい方へ

大川隆法総裁の教えを信じ、学ぼうとする方なら、どなたでも入会できます。入会された方には、『入会版「正心法語《しょうしんほうご》」』が授与されます。

ネット入会 入会ご希望の方はネットからも入会できます。

happy-science.jp/joinus

三帰《さんき》誓願《せいがん》

信仰をさらに深めたい方へ

仏弟子としてさらに信仰を深めたい方は、仏《ぶっ》・法《ぽう》・僧《そう》の三宝《さんぼう》への帰依を誓う「三帰誓願式」を受けることができます。三帰誓願者には、『仏説・正心法語』『祈願文《きがんもん》①』『祈願文②』『エル・カンターレへの祈り』が授与されます。

幸福の科学 サービスセンター

TEL 03-5793-1727

受付時間／
火～金：10～20時
土・日祝：10～18時
（月曜を除く）

幸福の科学 公式サイト

happy-science.jp

ハッピー・サイエンス・ユニバーシティ

Happy Science University

ハッピー・サイエンス・ユニバーシティとは

ハッピー・サイエンス・ユニバーシティ（HSU）は、大川隆法総裁が設立された「現代の松下村塾」であり、「日本発の本格私学」です。
建学の精神として「幸福の探究と新文明の創造」を掲げ、チャレンジ精神にあふれ、新時代を切り拓く人材の輩出を目指します。

人間幸福学部　経営成功学部　未来産業学部

HSU長生キャンパス TEL **0475-32-7770**
〒299-4325　千葉県長生郡長生村一松丙 4427-1

未来創造学部

HSU未来創造・東京キャンパス
TEL **03-3699-7707**
〒136-0076　東京都江東区南砂2-6-5

公式サイト **happy-science.university**

学校法人 幸福の科学学園

学校法人 幸福の科学学園は、幸福の科学の教育理念のもとにつくられた教育機関です。人間にとって最も大切な宗教教育の導入を通じて精神性を高めながら、ユートピア建設に貢献する人材輩出を目指しています。

幸福の科学学園
中学校・高等学校（那須本校）
2010年4月開校・栃木県那須郡（男女共学・全寮制）
TEL **0287-75-7777** 公式サイト **happy-science.ac.jp**

関西中学校・高等学校（関西校）
2013年4月開校・滋賀県大津市（男女共学・寮及び通学）
TEL **077-573-7774** 公式サイト **kansai.happy-science.ac.jp**

仏法真理塾「サクセスNo.1」

全国に本校・拠点・支部校を展開する、幸福の科学による信仰教育の機関です。小学生・中学生・高校生を対象に、信仰教育・徳育にウエイトを置きつつ、将来、社会人として活躍するための学力養成にも力を注いでいます。

TEL 03-5750-0751（東京本校）

エンゼルプランV

東京本校を中心に、全国に支部教室を展開。信仰をもとに幼児の心を豊かに育む情操教育を行い、子どもの個性を伸ばして天使に育てます。

TEL 03-5750-0757（東京本校）

エンゼル精舎

乳幼児が対象の、託児型の宗教教育施設。エル・カンターレ信仰をもとに、「皆、光の子だと信じられる子」を育みます。
（※参拝施設ではありません）

不登校児支援スクール「ネバー・マインド」

TEL 03-5750-1741

心の面からのアプローチを重視して、不登校の子供たちを支援しています。

ユー・アー・エンゼル!（あなたは天使!）運動

障害児の不安や悩みに取り組み、ご両親を励まし、勇気づける、障害児支援のボランティア運動を展開しています。

一般社団法人 ユー・アー・エンゼル
TEL 03-6426-7797

NPO活動支援

学校からのいじめ追放を目指し、さまざまな社会提言をしています。また、各地でのシンポジウムや学校への啓発ポスター掲示等に取り組む一般財団法人「いじめから子供を守ろうネットワーク」を支援しています。

公式サイト mamoro.org　ブログ blog.mamoro.org
相談窓口 TEL.03-5544-8989

百歳まで生きる会

「百歳まで生きる会」は、生涯現役人生を掲げ、友達づくり、生きがいづくりをめざしている幸福の科学のシニア信者の集まりです。

シニア・プラン21

生涯反省で人生を再生・新生し、希望に満ちた生涯現役人生を生きる仏法真理道場です。定期的に開催される研修には、年齢を問わず、多くの方が参加しています。
全世界212カ所（国内197カ所、海外15カ所）で開校中。

【東京校】 TEL 03-6384-0778　FAX 03-6384-0779
メール senior-plan@kofuku-no-kagaku.or.jp

幸福実現党

内憂外患《ないゆうがいかん》の国難に立ち向かうべく、2009年5月に幸福実現党を立党しました。創立者である大川隆法党総裁の精神的指導のもと、宗教だけでは解決できない問題に取り組み、幸福を具体化するための力になっています。

幸福実現党 釈量子サイト **shaku-ryoko.net**
Twitter **釈量子@shakuryoko**で検索

党の機関紙
「幸福実現党NEWS」

幸福実現党 党員募集中

あなたも幸福を実現する政治に参画しませんか。

○幸福実現党の理念と綱領、政策に賛同する18歳以上の方なら、どなたでも参加いただけます。

○党費:正党員(年額5千円[学生 年額2千円])、特別党員(年額10万円以上)、家族党員(年額2千円)

○党員資格は党費を入金された日から1年間です。

○正党員、特別党員の皆様には機関紙「幸福実現党NEWS(党員版)」(不定期発行)が送付されます。

*申込書は、下記、幸福実現党公式サイトでダウンロードできます。
住所:〒107-0052 東京都港区赤坂2-10-8 6階 幸福実現党本部
TEL **03-6441-0754** FAX **03-6441-0764**
公式サイト **hr-party.jp**

幸福の科学出版

大川隆法総裁の仏法真理の書を中心に、ビジネス、自己啓発、小説など、さまざまなジャンルの書籍・雑誌を出版しています。他にも、映画事業、文学・学術発展のための振興事業、テレビ・ラジオ番組の提供など、幸福の科学文化を広げる事業を行っています。

アー・ユー・ハッピー？
are-you-happy.com

ザ・リバティ
the-liberty.com

幸福の科学出版
TEL **03-5573-7700**
公式サイト **irhpress.co.jp**

THE FACT

ザ・ファクト
マスコミが報道しない
「事実」を世界に伝える
ネット・オピニオン番組

ザ・ファクト 検索

NEW STAR PRODUCTION

ニュースター・プロダクション

「新時代の美」を創造する芸能プロダクションです。多くの方々に良き感化を与えられるような魅力あふれるタレントを世に送り出すべく、日々、活動しています。 公式サイト **newstarpro.co.jp**

ARI Production

ARI《アリ》 Production《プロダクション》

タレント一人ひとりの個性や魅力を引き出し、「新時代を創造
テインメント」をコンセプトに、世の中に精神的価値のある作　共して
いく芸能プロダクションです。 公式サイト **aripro.co.jp**

大川隆法　講演会のご案内

大川隆法総裁の講演会が全国各地で開催されています。講演のなかでは、毎回、「世界教師」としての立場から、幸福な人生を生きるための心の教えをはじめ、世界各地で起きている宗教対立、紛争、国際政治や経済といった時事問題に対する指針など、日本と世界がさらなる繁栄の未来を実現するための道筋が示されています。

2020年12月8日 さいたまスーパーアリーナ
「"With Savior"(ウィズ・セイビア)―救世主と共に―」

2019年10月6日 ザ ウェスティン ハーバーキャッスル トロント(カナダ)
「The Reason We Are Here」

2019年12月17日 さいたまスーパーアリーナ
「新しき繁栄の時代へ」

201 3月3日 グランド ハイアット 台北(台湾)
「愛は憎しみを超えて」

2019年7月5日 福岡国際センター
「人生に自信を持て」

講演 どなたでもご参加いただけます。
最 の開催情報はこちらへ。⟹ 大川隆法総裁公式サイト https://ryuho-okawa.org